绝对成交

理财经理话术策略

昌利国 | 著

电子工业出版社
Publishing House of Electronics Industry
北京·BEIJING

内 容 简 介

本书内容框架的设计从客户感知价值出发，以成交为目的，关注客户的决策流程，基于开口话术、演示话术、攻心话术、异议处理话术、促成话术及风险提示话术6个模块，循序渐进地给大家详细讲解55种话术撰写方法，提供近百条拿来即用的实战话术，协助大家把专业性知识与流程化繁为简，在营销的路上"信心满满，行稳致远"。

未经许可，不得以任何方式复制或抄袭本书之部分或全部内容。
版权所有，侵权必究。

图书在版编目（CIP）数据

绝对成交：理财经理话术策略 / 昌利国著. —— 北京：电子工业出版社, 2025. 4. —— ISBN 978-7-121-49934-0

Ⅰ. F830.4

中国国家版本馆CIP数据核字第20256RB894号

责任编辑：黄爱萍
印　　刷：北京雁林吉兆印刷有限公司
装　　订：北京雁林吉兆印刷有限公司
出版发行：电子工业出版社
　　　　　北京市海淀区万寿路173信箱　　邮编：100036
开　　本：720×1000　1/16　印张：11.25　字数：180千字
版　　次：2025年4月第1版
印　　次：2025年4月第2次印刷
定　　价：59.00元

凡所购买电子工业出版社图书有缺损问题，请向购买书店调换。若书店售缺，请与本社发行部联系，联系及邮购电话：（010）88254888，88258888。
质量投诉请发邮件至zlts@phei.com.cn，盗版侵权举报请发邮件至dbqq@phei.com.cn。
本书咨询联系方式：faq@phei.com.cn。

前　言

为什么一开口就被拒绝

周一，早上 8 点，小雨。我出门比平时晚了 10 分钟，路上车太多，堵得水泄不通，右脚因不停地切换刹车和油门都有点儿麻木了。

"滴、滴……"手机微信准时响起，掏出来一看："××产品正在火热发行中，卖点：……；详询：……"

认真地想一想，当你处于这种环境时，对这条营销信息是抗拒还是接受呢？

我第一时间掏出手机，打电话给我的销售经理："将刚才的营销信息撤回，紧急撤回！我堵在路上，急着上班，右脚发麻，你一大早就发这些没有'营养'的广告，这是在加重我的思想负担，也是在告诉我这又是一个黑色的星期一。"

刚挂掉电话，我的微信又响了。

在一个微信群中，一张图片、一个二维码毫无征兆地展示在了我眼前，这是昨天晚上参加活动认识的一个新朋友发的，我对她组织的活动比较感兴趣，可是我对这条推送信息非常不喜欢：信息中的这张图片跟我有什么关系？我为什么要扫描信息中的二维码？连一段引言都没有，就让我关注她的账号，这是姜太公钓鱼，愿者上钩吗？

这也是很多朋友经常做的事，他们建立了很多微信群，美其名曰"做私域"，每天早上、晚上在群里发一些所谓的市场观点,而这些观点冷冰冰地躺在微信的"僵尸群"里,无人回应……

我们告诉自己:我在很勤奋地工作。但是我们一发信息,一打电话,一面对客户,一开口,就被大部分人拒绝了,为什么会这样?

因为这样的做法没有温度,没有给客户进行"心理跑道"建设,也没有消除客户的戒备心和防备心,所以他们不信任我们。

其实,很多理财经理都知道太直抒胸臆地群发消息的方式是不可取的,可是却不愿意改变,或者总是觉得没有别的办法,不知道不这样做还能怎么办。那么,我们是如何走到这一步的呢?我想无外乎以下3个原因。

1. 急于求成,不愿意花时间梳理底层框架。

很多人做事只看眼前,一天到晚都觉得自己很忙,被任务推着往前走,舍不得花时间仔细思考,于是进入"负向循环",即因为不思考,而导致越来越忙;又因为越来越忙,而导致没有时间思考……

要跳出这个循环,不如先给自己按下"暂停键",重新梳理底层框架,重新设计营销话术。

2. 要得太多,舍不得放弃。

"既要……又要……还要……",什么都要,导致什么都得不到。有"舍"才有"得",舍暂时业绩,得长期回报;舍暂时安定,得长期心安;舍暂时纠结,得长期自由。

我们习惯了群发,习惯了用一个标准的模板去搞定所有客户,然而最终的结果很可能是客户还没有搞定,我们自己就信心全无了,因为明明已经很努力、很勤奋了,却没有效果。时间长了,也就对营销失去了信心,对工作失去了热情。

3. 找不到正确的路。

很多理财经理喜欢待在自己的舒适区,不愿意开拓新的道路,也找不到正确的路。

殊不知，少有人走的路虽然是崎岖的、艰辛的，但是只要能走出来，就是一条能让我们有持久安全感的路。

目前，金融产品越来越多，客户可选择的平台也越来越多，金融理财师面临的挑战和压力自然越来越大。

但"万变不离其宗"，财富管理的核心就是要跟客户建立"信任"，有了信任，成交就很容易了。而合适的话术是建立信任的至胜法宝之一。

基于以上原因，我编写了《绝对成交——理财经理话术策略》这本书。

昌利国

2024 年 12 月

目 录

第1章 一开口就拴住客户的心，绝对成交的开口话术……1

1.1 常见的5种高频低效开口话术……2
- 1.1.1 直抒胸臆，一开口就卖产品……2
- 1.1.2 以"我为你好"为由，一开口就提风险……2
- 1.1.3 丑话说在前面，一开口就讲保本……3
- 1.1.4 简单问题被复杂化，一开口就聊宏观……3
- 1.1.5 散发焦虑，一开口就谈焦虑……4

1.2 10种高效的开口话术……5
- 1.2.1 高点占领式开场白……5
- 1.2.2 寒暄式开场白……6
- 1.2.3 坦诚式开场白……8
- 1.2.4 赞美式开场白……10
- 1.2.5 利用中间人/事/物的开场白……11
- 1.2.6 借助权威的开场白……12
- 1.2.7 利用热点开场……16
- 1.2.8 利用统计数据开场……18
- 1.2.9 利用知识分享开场……21
- 1.2.10 利用促销活动开场……24

第2章 引爆大卖点，绝对成交的演示话术……26

2.1 巧用数据，让演示更深入人心……27
- 2.1.1 对比法……28
- 2.1.2 具象法……30

  2.1.3 场景法 31
  2.1.4 变焦镜法 32
2.2 打个比方，把"陌生"变成"熟悉" 33
  2.2.1 如何给客户介绍"为什么买"公募基金 33
  2.2.2 如何给客户介绍"怎么买"公募基金 34
  2.2.3 如何给客户说"买多少"公募基金 34
2.3 玩个游戏，让客户参与其中 36
  2.3.1 选 A 的朋友 36
  2.3.2 选 B 的朋友 37
  2.3.3 选 C 的朋友 37
2.4 FABG 法则，用反问号召行动 38
2.5 巧用"问、答、赞"，提升信任感 40
  2.5.1 习惯性的对话模式（无"问、答、赞"） 40
  2.5.2 加上"问、答、赞"的对话模式 41
2.6 画图法——让表达更直观 41
2.7 公式法——让决策变简单 44
  2.7.1 公式 1：账户收益=投入本金×产品收益率 44
  2.7.2 公式 2：支出=收入－节余 47
  2.7.3 公式 3：72 定律 48
  2.7.4 公式 4：风险资产投资比例=(100 或 80－年龄)×100% ... 48
  2.7.5 公式 5：4321 定律 48
2.8 讲好故事，敲开客户的心 49
  2.8.1 董宇辉卖虾 49
  2.8.2 基金定投的故事 50
2.9 用好案例法，稳住客户的心 52
  2.9.1 案例一：客户质疑长期投资 52
  2.9.2 案例二：客户质疑基金定投 53
2.10 穷举法——我比你更懂你 56
  2.10.1 时间风险 56
  2.10.2 市场风险 57
  2.10.3 看不懂资本市场 57
  2.10.4 资金风险 58

第 3 章 明明白白他的心，绝对成交的攻心话术 59

3.1 从众心理：他也这样做了，我怕什么 60
3.1.1 案例法 61
3.1.2 合作清单 62
3.1.3 表扬信 63
3.1.4 视频/照片 64

3.2 承诺与一致：一言既出，驷马难追 65
3.2.1 请教法 65
3.2.2 调研法 67
3.2.3 签名法 68
3.2.4 宣讲法 69
3.2.5 集体行动 70

3.3 互惠的力量：先给予，再索取 71
3.3.1 有同理心 72
3.3.2 让客户期待你的出现 73
3.3.3 勇于认错 74
3.3.4 积极处理问题，不能逃避 75

3.4 登门槛效应：从小要求开始，循序渐进 76
3.4.1 从低风险的产品开始 77
3.4.2 从最简单的投资方式入手 77
3.4.3 用零钱撬动客户的心——每赚一分钱都是惊喜 78
3.4.4 让客户用省下的钱做投资——惊喜加倍 78
3.4.5 协助客户用"赚的钱"投资——盈上加盈 79

3.5 因为稀缺，所以值得拥有 80
3.5.1 数量/额度有限 81
3.5.2 最后期限 81
3.5.3 限制条件 82
3.5.4 制造紧迫感 82
3.5.5 强调唯一性 83
3.5.6 利用逆反性 83

3.6 占便宜：客户要的不是"便宜"，而是"占便宜" 84
3.6.1 给个理由 85

- 3.6.2 算清楚账 85
- 3.6.3 看得见的实惠 86
- 3.6.4 想得到的好处 87
- 3.6.5 额外好处 87

3.7 喜好效应：人以群分，物以类聚 88
- 3.7.1 投其所好，精准营销 88
- 3.7.2 熟人搭桥，顺理成章 89
- 3.7.3 意见领袖，引导需求 90
- 3.7.4 赞美客户，加速信任 90
- 3.7.5 寻找相似性 90
- 3.7.6 制造共同的"敌人" 91
- 3.7.7 制造情感共鸣 91

3.8 "手段—目标—关键核心"：关注终极目标 92

3.9 推敲可能性模型：关注客户决策路径 95
- 3.9.1 利用外围路径说服客户的常用技巧 96
- 3.9.2 利用中央路径说服客户应注意"动力与能力" 97

3.10 重复的力量：展示，展示，再展示 98
- 3.10.1 每个人都有自己的固有认知 98
- 3.10.2 最大的阻力在于"我以为、我觉得" 99
- 3.10.3 放下"我以为、我觉得" 100

第 4 章 先迎合再说教，绝对成交的异议处理话术 102

4.1 "换框"技巧，切换沟通场景 103
- 4.1.1 什么是"换框" 103
- 4.1.2 如何回应客户亏损 104

4.2 善用心理账户，重构客户认知 106
- 4.2.1 心理账户在基金营销中的运用 107
- 4.2.2 心理账户在售后投诉中的运用 109
- 4.2.3 心理账户在客户维护方面的运用 109

4.3 重设锚点，引导客户思维 111
- 4.3.1 弱市下如何引导客户投资 112
- 4.3.2 客户跟风买基金但不能接受亏损怎么办 113

4.4 假设推理，化解客户的"事后诸葛亮" 114

目录 XI

4.4.1 化解客户质疑"随便买一只开放式基金的收益也比这只持有期基金的收益高" ... 115
4.4.2 化解客户质疑"持有期基金太不灵活，没办法及时止盈" ... 115
4.4.3 化解客户所认为的"持有期体验太差"问题 ... 116

4.5 降维打击，破除客户"过度自信" ... 117
4.5.1 如何回应"客户总想调仓" ... 117
4.5.2 如何回应"到处都可以买基金，为什么一定要到银行或券商买" ... 118
4.5.3 如何回应"买基金不如炒股" ... 119
4.5.4 如何回应"你们推产品就是为了赚手续费，不值得信任" ... 119

4.6 重新定义，动摇客户的固有认知 ... 120
4.6.1 如何回应客户的"为什么别的基金都反弹，我的毫无起色，还不让我调仓"问题 ... 120
4.6.2 如何回应客户因变换基金经理而赎回产品 ... 121
4.6.3 如何回应客户的"固收+"变成了"固收-"问题 ... 122

4.7 时空切换，解决客户的"近视焦虑" ... 123
4.7.1 如何回应客户的"在推荐时基金涨得很好，一购买就开始跌"问题 ... 124
4.7.2 如何回应客户购买的基金亏损问题 ... 125
4.7.3 如何回应客户所认为的"投资风险太大，不如存银行踏实"问题 ... 126

4.8 目标转移，协助客户长期持有 ... 127
4.8.1 如何回应客户的"持有多长时间，收益率有多少"问题 ... 128
4.8.2 如何回应客户的"持有了很长时间，依然亏损"问题 ... 129
4.8.3 如何回应客户的"涨了不让卖，亏了不让卖，到底什么时候卖"问题 ... 129

4.9 隔离法，"大麻烦"只是"小问题" ... 131
4.9.1 目标隔离 ... 132
4.9.2 资金隔离 ... 132
4.9.3 持有期限隔离 ... 133
4.9.4 仓位隔离 ... 133

4.10 以退为进，鼓励行动 ... 134
4.10.1 回应客户的"投诉升级" ... 134

4.10.2　回应客户的"什么时候解套" 135
4.10.3　回应客户的"债基亏了怎么办" 136

第5章　临门一脚，绝对成交的促成话术 138

5.1　识别购买信号 139
5.1.1　客户表情/举动 139
5.1.2　语气语调 139
5.1.3　交谈气氛 139

5.2　十大促成话术 141
5.2.1　把成交权交给客户——二选一成交法 141
5.2.2　化繁为简——类比成交法 143
5.2.3　陈述利弊——主动成交法 144
5.2.4　赶走担忧——附加成交法 147
5.2.5　套餐组合——标准模板成交法 148
5.2.6　先假设成交，再设法成交 151
5.2.7　先试吃、再升级——小狗成交法 153
5.2.8　避重就轻——小点成交法 154
5.2.9　事半功倍——转移成交法 156

第6章　防患于未然，绝对成交的风险提示话术 158

6.1　重新定义，提前预防 159
6.1.1　是波动大，不是风险大 159
6.1.2　是不确定性，不是风险性 160
6.1.3　什么是真正的风险 161

6.2　他山之石，可以攻玉 161
6.3　以退为进，化解隐忧 163
6.4　风险转移，从仰视到俯视 164
6.4.1　风险承诺 165
6.4.2　售后保障 165
6.4.3　风险平常化 166

6.5　签名法，加强承诺与一致 166

第1章

一开口就拴住客户的心,绝对成交的开口话术

1.1 常见的 5 种高频低效开口话术

1.2 10 种高效的开口话术

1.1 常见的5种高频低效开口话术

下面我们先看看大家常用的一些开口话术。

1.1.1 直抒胸臆，一开口就卖产品

常用开口话术一：××，您好。我们银行正在热销一款××基金，该基金过往业绩优秀，业绩排名在××，主投方向是××；该基金经理有××年投资经验，曾荣获××届金牛奖。目前市场……，正是配置该基金的良机，欢迎垂询。

问题分析：如果市场环境比较好，客户对基金的关注度比较高，而且客户之前曾提及有合适的产品就给他推荐，那么可以像上面这样与客户直接说。但是如果市场不是很好，客户对基金的兴趣也不高，而我们一开口就谈产品，则很容易让客户产生强烈的抗拒心理。

可以试试这样说："打开手机，看到满屏都在讨论经济下行的问题，未来何去何从？很多人的故事让我看清了生活的本质，也让我了解到足够多的储蓄才是一个人的底气，无论何时都需要未雨绸缪，做好投资。我们银行目前主推××产品，详询……"先引发客户情感共鸣，拉近彼此的距离，再顺势切入。

1.1.2 以"我为你好"为由，一开口就提风险

常用开口话术二：您是否能接受风险？如果能接受，我给您推荐一款基金产品，您可以少配置一些或者做一些基金定投。

问题分析：本意是好的，是为客户着想，担心客户承受不了风险，但是客户的风险感知也会随着情境的变化而变化。这样说就唤醒了客户对风险的担

忧，而且你强调的"可以少配置一些"其实也是在强调风险，这样的话术能成交就不错了，还妄想大单？

可以试试这样说："您要是觉得目前产品收益都比较低，可以尝试了解一款固收+基金，最近 5 年的年化收益率达到 5%～7%，但需要至少投放一年以上。不过您也知道，收益不是百分之百有保证的，中间也会有波动。"激发客户对收益的兴趣，先说好处，再说具体操作，最后提示风险。

1.1.3　丑话说在前面，一开口就讲保本

常用开口话术三：您是要保本理财还是非保本理财呢？我给您做一个资产配置？有一款固收+产品，您要不要看一看？

问题分析：本来就已经没有保本理财了，多此一举。而且"非保本"这一说法会瞬间启动客户的自我保护机制。"资产配置"和"固收+"又把客户带到了一个陌生的世界，注定这次营销很难速战速决。

可以试试这样说："您之前在我们银行做理财赚了 5 万元，现在我们银行进行理财服务升级，您可以用赚来的钱进行理财，所以要不要用这 5 万元配置一些××基金？"激发客户联想：反正理财的钱都是赚来的，试试又何妨？

1.1.4　简单问题被复杂化，一开口就聊宏观

常用开口话术四：目前，某些地区的地缘政治问题导致全球局势非常紧张，又因美联储是否降息的靴子还没落地，所以国内投资者信心不足。但是，从监管部门的发言我们可以看出端倪，未来一定是××的时代，现在投资应该选……

问题分析：如果你给客户推荐存款、大额存单，一句话就搞定了；如果给

客户推荐保险，那么几句话也可以搞定。但是如果给客户推荐基金呢？先分析国内外宏观形势，再告知基金投资策略，接着说目前基金的估值，然后说投资方向……还没说完，客户就会说："不好意思啊，今天还有点儿事，下次再聊。"我们一开口就把问题变复杂了，容易让客户觉得基金太陌生、太复杂，从而产生抗拒心理。

可以试试这样说："××，您好。目前我们银行的基金销售又进入了冰点，我作为一名资深的理财经理都感觉很吃力。但是，我发现每当我有这种慌乱情绪，卖不动基金的时候，基金后面的表现都超乎意料得好。投资可能真的反人性，当别人恐惧时，正是我们布局的好时机。您是我服务多年的 VIP 客户，我还是想把这种信号给您说一声，看看您这边的时间，等您有空了，我再详细给您介绍一下。"先告知客户我们"为什么"给他推荐，再给客户贴标签，因为他"特别"，所以我们才给他推荐。

1.1.5 散发焦虑，一开口就谈焦虑

常用开口话术五：你不理财，财不理你。人生最大的"小偷"就是通货膨胀，如果不理财，那么现在的 10 万元，按照每年 2% 的通货膨胀，20 年之后，购买力将不到 6 万元。我们银行现在热推一款 × × 产品，可以助您抵御通货膨胀，投出"好未来"。

问题分析：先用通货膨胀引起客户焦虑，客户的确很可能就下单了。但是后续也很可能在产品表现不尽如人意的时候，抓住这一点来投诉。他因焦虑而购买，很可能也会因焦虑而投诉。

可以试试这样说："每笔投资都是一份牵挂、一份希望。趁现在手上还有一些闲钱，可以给孩子存一些教育金，也给自己留一些养老钱，我们银行现在正在主推……"这样说唤起的是客户对家人的关心、对养老的关注，即使后面产品的表现不尽如人意，他也会更关注投资背后的目标，从而能长期持有。

列举以上常见的 5 种高频但是并非高效的开口话术，是想告诉大家以下内容。

① 好的开场白是让客户明白"为什么我需要"，而不是让客户有"与我无关"的反应。

② 好的开场白应该与客户建立朋友关系，而不应建立销售关系，因为销售关系很容易让客户对产品产生"抵触"，甚至觉得"你就是来说服我的"。

③ 好的开场白应该启发客户产生"好的联想"，认为投资是一种"希望"，持"开放接受的态度"。

1.2　10种高效的开口话术

销售专家通过深入调查和研究发现，在销售接触中，客户在刚开始的 30 秒钟所获得的刺激信号，一般都会比后面 10 分钟里所获得的信号要深刻得多。在金融营销中，"开口"主要是为了吸引客户注意力，让客户放下防备，然后顺利开启下一步的沟通。

为了让开口变得更高效，可以从"我是谁""为什么""我有什么""我凭什么""我能做什么""你为什么"等角度切入。

1.2.1　高点占领式开场白

设计要点：用公益行为、节日关怀、响应号召、主题活动等理由占领客户心智高点，打消客户顾虑。

常用句型：因为……所以……，提高说服力。

1. 从公益行动切入

您好，我是××机构的理财经理。这段时间因为地缘政治等诸多因素影响，很多"基民"（即基金投资者）亏损比较厉害，我们作为一家有责任、有担当的金融机构，一直致力于提高"投资者的投资获得感"，所以在当前时点建议您采取"基金定投"的方式于低点布局，您看是否需要我给您详细介绍一下……

2. 从节日关怀切入

您好，我是您小区附近网点/机构的理财经理××。因为我一直都在一线与客户打交道，所以我特别清楚很多基民的投资都是为了给家人提供更好的生活。今天恰逢××节日，我们开展"××基金定投"活动。每个节日都提醒着我们爱与被爱，您看是否需要我给您详细介绍一下……

3. 从响应号召切入

您好，我是您小区附近网点/机构的理财经理××。因为在2022年4月26日，证监会专门提出了要"着力提高投资者获得感"，所以我们作为一家有责任、有担当的银行/金融机构，在这个时点建议您采取"基金定投"的方式于低点布局，您看是否需要我给您详细介绍一下……

4. 从主题活动切入

您好，我是您小区附近网点/机构的理财经理××。我们是一家有责任、有担当的银行/金融机构，为了响应监管部门提出的"着力提高投资者获得感"的要求，所以开展了"××基金定投"主题活动，本次活动仅覆盖××客户，您看是否需要我给您详细介绍一下……

小结：高点占领式开场白的核心是先找一个沟通的理由，而且这个理由是客户不好反驳的，再告诉客户为什么我们会联系他。

1.2.2 寒暄式开场白

设计要点：通过快速扫描客户微信、朋友圈、公司布置及口音等，了解客户的一些基本特征，寻找与客户的共同点，从而对客户进行"心理握手"。

因为很多理财经理都进行线上营销，所以下面的举例都是从微信平台切入的。

常用句型：我听/看/发现……，我也……，拉近与客户的心理距离。

1. 从微信设置的地址入手，寻找共同点

举例：客户的微信地址设置的是一个比较不知名的城市。

您好，我看您微信的地址是"××"，我也在××待过几年，对××记忆深刻，感觉我们挺有缘的。我们银行目前正在推广"××基金定投"活动，目的是"秋播春收，期待您有好的投资体验"。您看是否需要我给您详细介绍一下？

2. 从微信的名字、头像、签名等入手，寻找共同点

举例：客户的名字/头像非本人真实姓名或者头像。

您好，我看您的微信名字/头像/签名是"××"，这也是我很喜欢的名字/图像/格言，感觉好亲切。我是××，目前在××银行做理财经理。我们银行正在推广"××基金定投"活动，目的是"秋播春收，期待您有好的投资体验"。您看是否需要我给您详细介绍一下？

3. 从微信的朋友圈入手，寻找共同点

您好，刚才我快速翻阅了您的朋友圈，我发现您对××（饮食、旅游、哲学、政治、军事、养生等）很有研究/您也是孩子的××（爸爸、妈妈等）/您也在看××（书、电影、语录、公众号等），我也对××（饮食、旅游、哲学、政治、军事、养生等）有一些兴趣/我也是一个孩子的（爸爸、妈妈等）/我也在看（书、电影、语录、公众号等）。很高兴跟您交流，我是××，目前在××银行做理财经理，我们银行目前正在推广"××基金定投"活动，目的是"秋

播春收，期待您有好的投资体验"。您看是否需要我给您详细介绍一下？

小结：我们还可以从口音、办公室布置等角度切入，拉近与客户的距离，并进行"心理握手"。这里切忌故弄玄虚，比如知道了客户的一些特点，却故意不告诉客户是怎么得知的，这容易让客户觉得跟我们打交道没有安全感。

1.2.3 坦诚式开场白

设计要点：向客户坦白目的、情绪、来意、经历等，客户会自然产生一种"心理优越感"，继而放下自我防备。

常用句型：我们的目的/是……/我想……。

1. 表明目的

您好，我是×××，目前在××银行做理财经理。今天跟您交流的目的是想通过推荐"基金定投"来提高您的"投资获得感"，目前市场点位比较低，正是入市的好时机，我们银行也专门筛选了一些适合长期定投的基金品种，您看是否需要我给您详细介绍一下……

这里要注意：有些理财经理在用电话约客户面谈时，很喜欢随口说一句："没事儿，我就是偶尔路过，想到您这里坐一坐/真的没事儿，就是找个机会一起吃个饭……"。

当你这样说的时候，对方的心是悬着的，觉得你一定隐瞒了什么大事情，电话里还说不清楚，所以可能还没见面，客户心里就已经构建了一堵墙。

在约客户、见客户的时候，最好先表明目的。如果真实目的不好开口，那就找别的理由，如"看您朋友圈对养花、带孩子很有研究，就想找机会来学习一下"等，这样会让客户觉得跟我们见面没有负担。

2. 坦白情绪

有时候示弱很容易让客户放下防备。如果你给客户发信息或者打电话的时候，内心压力很大，那么可以直接坦白此刻的情绪，让客户感觉到你的真实、不做作，这样会很容易让客户放下戒备心。

例如，先生，您好。我是×××，目前在××银行做理财经理：

- 跟您交流，我特别开心，感觉自己的所学能帮到更多的客户。目前市场点位比较低，正是布局基金定投的好时机，我们银行也专门筛选了一些适合长期定投的品种，您看是否需要我给您详细介绍一下？

- 跟您交流，我特别紧张，害怕您觉得我们套路您。但是目前市场的确点位比较低，正是布局基金定投的好时机，我们银行也专门筛选了一些适合长期定投的品种，您看是否需要我给您详细介绍一下？

- 跟您交流，我有点忐忑，平时也没怎么跟您联系，担心被您拒绝。不过，作为一名专业的理财经理，我还是要表达我的观点。目前市场点位比较低，正是布局基金定投的好时机，我们银行也专门筛选了一些适合长期定投的品种，您看是否需要我给您详细介绍一下？

- 跟您交流，我很期待，因为您是我今天联系的第××名客户。目前市场点位的确比较低，正是布局基金定投的好时机，我们银行也专门筛选了一些适合长期定投的品种，您看是否需要我给您详细介绍一下？

3. 表达自我情绪

当你准备在早上或者晚上跟客户联系时，如果表达自我情绪，那么或许也会很有感染力。

（1）早上联系。

早上我送女儿去上学，看着她渐行渐远，觉得孩子正在慢慢长大，要操心的事情也逐渐多起来，尤其害怕手中的积蓄跟不上她的梦想。所以我决定趁现在有点儿闲钱，给她做一些长期的投资，比如每个月给她定投2000元，这样一年也有2.4万元，坚持10年，让这些钱成为她的一笔梦想基金。您的孩子跟我们家的差不多大，如果您也有这样的想法，可以跟我沟通。

（2）晚上联系。

您好，还没睡吧？抱歉这么晚打扰您，我是××。一直忙到现在才抽空给您发这条信息：我们银行现在正主推××基金定投，原以为目前是资本市场的熊市，没有想到客户的购买热情这么高。后来我才知道很多投资者认为现在是布局基金定投的良机。我想您可能会需要，才冒昧这么晚给您发信息。如果您也有类似想法，可以联系我。

小结：真诚是最大的必杀技。当用坦诚式开场白的时候，一定要真实，表露自己的真实情绪，这样才能更好地打开客户的心扉。

1.2.4 赞美式开场白

设计要点：首先需要赞扬一些具体明确的事情，或者某件事情的具体细节，比如可以赞美客户的发型、丝巾、眼镜、衣服搭配、微信朋友圈的具体图/文字等，让客户觉得你言之有物；其次要独具慧眼，发现客户的细小的改变，比如换了发型、香水、造型，买了新首饰、新包等；最后要真诚，不能口是心非。

常用句型："您是否注意到/是否意识到/是否察觉/是否发现……"，用意识模式强化客户自我认可。

1. 赞美式

哇！××先生，不知道您是否意识到您对市场的分析太到位了，要不是我认识您，我还以为您是专业的证券分析师。正如您刚才的分析，目前市场点位比较低，是不是比较适合配置一些偏权益类的产品呢？

2. 请教式

××先生，您在上次波段中的操作太漂亮了。我真的很好奇，您平时工作也挺忙的，但您都是通过什么信号、指标来做决定的呢？您是否发现，其实您真的天生就是做交易的。您能不能给我一些建议呢？

小结（一般而言）：

① 对于女性客户，可以从外表（如发型、搭配、首饰、香水味道等）、能力（独自打拼、独自分析市场等）、家庭（恩爱的老公、争气的孩子）、品味（饮食、装饰、搭配、眼光等）、保养等角度切入。

② 对于男性客户，主要从奋斗经历、工作成果、社会地位、事业等角度切入。

③ 对于中老年客户，主要从忆苦思甜、儿女的成就、目前事业地位等角度切入。

一定不要吝啬你的赞美，尤其是对一些比较有个性、挑剔的客户，有时候顺着客户的话去赞美客户，会有奇效。

另外，在赞美过程中加入"意识模式词"，比如您是否发现/觉察/注意到等，可以强化客户自我认知，增强说服力。

1.2.5 利用中间人/事/物的开场白

设计要点：在初次跟客户取得联系的时候，寻找到彼此有关联的人、事、物等，可以迅速拉近双方距离。

常用句型：我听××经常提起您；××说您是他的好兄弟/好闺蜜/好领导/好导师……；上次在××活动/会议上，我们见过……。

1. 利用客户熟悉的人

××先生，上次您小区的王大妈在我们这里配置了一些基金。她说您跟她是多年的好朋友了，对投资也比较感兴趣，还说找时间约您一起坐一坐。刚好，今天您过来了，我把现在我们银行主推的一款产品给您介绍一下？

尤其要注意：提及的人跟客户关系要比较融洽。我之前就犯过一个错误，在拜访一家机构的金融市场部领导时说，我跟她们银行资产管理部的领导很熟，常常听对方提起她。结果后来我才发现，资产管理部和金融市场部的这两个领导是水火不容的，很显然，最后"偷鸡不成蚀把米"。

还有，提及的人品行是没有问题的，因为客户很容易有"人以群分"之感。前段时间有一公司销售来拜访我，说他是由我L姓朋友推荐的。但是我觉得L姓朋友是相当不靠谱的，常常赌博，答应的事很少办到，于是我自然而然地觉得该销售也是一个不太靠谱的人。

2. 利用客户同行业的知名公司

××先生，您好。我是×××，目前是××银行/机构的理财经理，我们最近为××学校/医院/企业等做了几期个人养老金/基金定投/家庭资产配置等专题介绍，大家都很感兴趣。我想着贵学校/医院/企业的员工可能也有这方面需求，您看什么时候有时间，我们送教上门。

小结："搭桥的中间人/事"还可以是同一个学校、同一个地方、同时参加过什么活动、同时在某个组织之中等，核心是搭建跟客户熟悉的桥梁，让客户觉得跟我们交流没有陌生感。

1.2.6 借助权威的开场白

设计要点：当客户犹豫不决的时候，往往会求助于权威、关键意见领袖（Key Opinion Leader，KOL）等。如果我们能用一些权威机构、头衔等作为开场白，也可以让客户对我们产生信任感。

常用句型：××人/机构说过+这个人说过的话……。

1. 借助权威机构

××先生，您好。我给您简单介绍一下，2022年11月4日，人力资源和社会保障部联合财政部、国家税务总局、中国银行保险监督管理委员会及中国证券监督管理委员会印发《个人养老金实施办法》。同年11月25日，人力资源和社会保障部宣布个人养老金制度启动实施。个人养老金制度具体是指政府政策支持、个人自愿参加、市场化运营、实现养老保险补充功能的制度。简单来说，就是国家帮助咱们管住手、存好钱，为养老做好准备，做好补充，截止到2023年年底，已经有5000万人参与了。所以，您这边要是有闲钱，并担心退休后的生活，建议您到我们银行先把账户开好，再择机做好投资。

2. 借助公司品牌

××先生，您好。我是×××，我们银行网点就在您小区旁边。您知道我们网点深耕××社区这么多年，社区居民对我们的服务评价都很高。今天给您打电话，是因为我们银行现在正大力推广个人养老金开户活动，虽然很多银行都在推广，但是我们作为大银行，不管是人员配置、产品筛选，还是售后服务等，优势都是非常明显的。现在还有"开户有礼"的活动，您看什么时候有时间，我给您详细介绍一下。

3. 借助权威产品、知名基金经理/分析师

可以借助一些爆款产品，比如即将下线的高收益的大额存单、定期存款、保险等，或者是大家耳熟能详的基金产品等来吸引客户。还可以借助一些明星基金经理或者知名分析师来吸引客户。

- 近几年因权益波动大，同业存单基金受到很多人的追捧。

××先生，您好。同业存单基金主投同业存单存款兼具流动性和收益性，

100%投资于同业存单等固定收益资产，风险评级为PR1（PR代表理财风险控制的等级，PR1级的风险等级很低），是中长期理财优选。投资风格稳健，封闭运作，到期后收益自动到账。严控波动回撤，同类产品成立至今为0回撤，持有体验良好。

- 因债券市物波动大，摊余成本法估值的产品受到不少投资者青睐。

××先生，您好。最近债市波动加大，很多投资者对此比较担心。鉴于此，我们银行力推市场稀缺产品：摊余成本法估值的理财产品。理财选××银行，发行时间……

注意：举例的权威产品一定要能吸引客户眼球。

4. 借助名人名言

这里给大家列举一些引用率比较高的金融市场中的名言，大家可以随时调用。

（1）巴菲特的老师格雷厄姆

- 如果总是做显而易见或大家都在做的事，你就赚不到钱。

- 作为一个成功的投资者应遵循两个投资原则：一是严禁损失，二是不要忘记第一条。

- 股市从短期来看是"投票机"，从长期来看则是"称重机"。

- 市场就像一只摆钟，永远在短命的乐观和不合理的悲观之间摆动。聪明的投资者都是现实主义者，他们向乐观主义者卖出股票，并从悲观主义者手中买进股票。

（2）股神巴菲特

- 当别人贪婪时，你就该恐惧。当别人恐惧时，你就该贪婪。

- 只有退潮时，你才知道谁在裸泳。

- 一个人一生能积累多少财富，不是取决于他能够赚多少钱，而是取决于他如何投资理财。人找钱不如钱找人，要让钱为你工作，而不是你为钱工作。

（3）金融大鳄索罗斯

- 判断对错并不重要，重要的在于清楚正确时获取了多大利润，错误时有多少亏损。

（4）投资大师彼得·林奇

- 行情总在绝望中诞生，在半信半疑中成长，在憧憬中成熟，在希望中毁灭。

（5）投机大师杰西·利弗莫尔

- 我自己都不明白为什么过了那么久才学会这个简单的道理：绝对不能在股价的短期波动上下注，我应该把目光放长远，预测市场的整体趋势。

- 绝对不要妄图在最高价抛出，那是蠢人干的活。如果没有上涨空间，就应在回档的第一时间抛出。

- 优秀的投机客总是在等待，总是有耐心地等待着市场证实他们的判断。要记住，在市场本身的表现证实你的看法之前，不要完全相信你的判断。

5. 借助自己已取得的成果

××先生，您好。我是××银行资深财务顾问，过去 10 年服务了百位高净值客户，管理资产达到××千万元，也经历过多次牛熊市场，对家庭资产配置、财富传承等都有深刻见解和实战经验，也取得了××奖项，这次非常荣幸能跟您做一次深入的交流……

注意：我们过去取得了什么成绩，比如服务了多少客户、合计打理了多少资产、陪伴多少客户穿越了牛熊市场、投资业绩怎么样、取得了什么荣誉、参加了什么培训、拿了什么证书等，都能让客户觉得我们更值得信任。

另外，"成果"可以是组织内的认可，比如资深/私行级/总行级理财经理等头衔比一般理财经理更能让客户信任；也可以是组织外的认可，××公益组织牵头人、××读书会牵头人、××社群发起人等，也会让客户觉得我们更有信任度。

小结：利用权威开场，主要是因为人们普遍有"安全心理"，总认为权威人物往往是正确的，服从权威人物会让自己更有安全感，增加不会出错的"保险系数"。尤其是自媒体时代，关键意见领袖的力量更不可忽视。另外，在开场的时候引用"大多数人"的观点更能让客户产生信任感。

1.2.7 利用热点开场

设计要点：现在都是"眼球"经济，很多人都喜欢跟"同频的人"交流，所以面对相同的热点，往往能引发"原来他跟我一样"的感觉，会拉近彼此的心理距离，让开场变得顺畅。

一般而言，在某一时间段内，迅速被客户关注的某个领域/社会内的人或者物，都可以成为"热点"。

1. 可预见热点

可预见热点主要是一些节日、节气等，如元旦、除夕、春节、情人节、劳动节、儿童节、父亲节等。

利用新年之际，我们可以这样开场：××先生，新年快乐！不知道您是否和我一样有这样的感觉：小时候，总是期待新年礼物；长大后，才知道那是父母给我们编织的梦。如今，父母都老了，需要我们给他们编织一个梦了。新年在即，我们银行特推出××稳健理财产品，期待在不久的将来，产品的收益能让您带父母去远游一番。如果您有兴趣，可以随时跟我联系。

还可以这样开场：嗨，新的一年到了，你是不是只想到了给孩子准备新年礼物，却忽略了曾经为你准备礼物的"她"。我们懂你，知道你很忙，也知道你很累，特地为你准备了一套××贵金属，价格不贵，但是可以让妈妈感受到我们即使有了小家庭，也没忘记她老人家。如果你也跟我一样，一直在寻找表达爱意的礼物，请给我打电话。

注意：对于一些可预见热点，我们可以提前做一些话术储备。我们经常讲"理财就是理生活，投资就是投未来"，把每一笔投资跟情感融合在一起，更能打动客户。

2. 突发性热点

从哪里寻找突发性热点呢？可以关注微博榜单、微信搜一搜、头条指数或者我们的微信朋友圈等。比如，资本市场全线下跌，客户对资本市场的未来没有信心，若这时候还要鼓足勇气去推产品，就要用心做好产品与突发性热点的关联。

举例说明：

① ××先生，您好。这一年资本市场一直在低位徘徊，我和您一样，信心逐渐被消磨。我经常会问自己，手上的闲钱到底该怎么投资？买私募，起点金额太高；做 P2P，"雷"声不断；投资股票，热点切换太快；存定期，总觉得收益期长，不是特别划算。想了想，还是趁低点做一些定投，配一些权益类产品，给未来多一些希望。您要是与我有相同的想法，可以随时跟我交流。

② 时代的一粒沙落到个人身上就是一座山，每个人都是自己健康的第一责任人。谁来为我们负重？除身体免疫外，"财务免疫"也是我们每个人要思考的问题。我行将于×月×日举办"家庭财务规划"讲座，助您拨云见日，在投资路上行稳致远，详询……

小结：对于热点的使用，关键是要让热点和你想表达的思想产生关联。

1.2.8 利用统计数据开场

设计要点：正如美国质量管理大师戴明环所言"除上帝外，都必须用数据说话"，人们也常说"事实胜于雄辩"。有时候理性的数据更能增强我们观点的说服力，提升可信度。

常用句型：据统计……、数据表明……、我们从过往数据可以得出……。

1. 统计数据

（1）市场下跌，给亏损客户推荐大额定投。

××老师/老总（称呼不熟悉的人为老师，可拉近彼此距离；称呼熟悉的人为老总，可让对方有愉悦感），您好。目前市场"跌跌不休"，我们建议您通过大额定投的方式，将资金均分后分 10 次买入基金，能大幅加快回本的速度，提高投资收益率。

我们来看几组回测数据，如表 1-1 所示。大盘从 2018 年 1 月开始一直下跌，到 2019 年 1 月，沪深 300 指数跌幅达到 -32%。假如我们刚好在 2018 年顶部追高买了 20 万元沪深 300ETF，那么在 2018 年 6 月，亏了 20%，即亏掉了 4 万元。此时，我们开始进行大额定投，每个月投资 2 万元，连续投入 10 个月，到 2019 年 3 月时，该基金净值从 3.54 元经历了微笑曲线回升到了 3.87 元（涨幅为 9.32%）。而此时，定投盈利约为 2.65 万元，收益率达到 13.3%，不仅缩短了回本时间，还提高了投资收益率。

表 1-1 某沪深 300ETF 月定投

扣款日期	基金净值（元）	每月定投（元）	买入份额（份）
2018-06-30	3.54	20,000.00	5648.12
2018-07-31	3.58	20,000.00	5590.81
2018-08-31	3.40	20,000.00	5884.95
2018-09-28	3.51	20,000.00	5702.72
2018-10-31	3.21	20,000.00	6221.81
2018-11-30	3.23	20,000.00	6185.06
2018-12-31	3.07	20,000.00	6514.87
2019-01-31	3.20	20,000.00	6246.29
2019-02-28	3.67	20,000.00	5453.45
2019-03-29	3.87	20,000.00	5174.24
定投本金（元）		200,000	58,622.30
2019-03-29 定投持仓（元）		226,593	
定投收益（元）		26,593	
定投收益率		13.30%	

数据来源：天天基金网，基金定投计算器。

（2）市场下跌，客户想要赎回。

××老师/老总，您好。基金收益不是线性的，而往往集中在某个时间段。

我们从过去数据来看（如表 1-2 所示）：如果坚持长期投资沪深 300 指数 20 年，则能够实现 256.42% 的涨幅；如果错过涨幅最大的 20 天，则涨幅直接下降到 24.20%；如果错过涨幅最大的 30 天，则跌幅超过 -14.8%；如果错过涨幅最大的 50 天，则跌幅超过 -59.6%。

表 1-2　短线进出反而容易错失长线收益

投资沪深 300 指数的期间	涨跌幅
不择时坚持持有	256.42%
错过涨幅最大的 20 天	24.20%
错过涨幅最大的 30 天	-14.8%
错过涨幅最大的 50 天	-59.6%

数据来源：Wind，日期范围为 2004 年 12 月 31 日至 2024 年 6 月 17 日。

我们买基金就是不想像买股票那样快进快出、时时刻刻关注。如果不着急用钱，本身情绪也没问题，只是担心市场的走势，那就持有基金长时间不动；如果已经无心工作，过度关注投资，则建议逢高做一些减仓。

2. 信号指标/关注度比较高的数据

做投资的常常关注股债性价比、市盈率、市净率、新基金发行量等指标，这些指标往往会给客户提供一些决策依据。目前很多机构已开发出指数温度计、恐贪指数等工具，能更地清晰给客户展示投资情况。

××先生，您好。最近，我做了一些数据统计（如图 1-1 所示），发现万得全 A 市盈率的倒数与 10 年期国债收益率的差值为 3.96%。该指标过去 10 年的均值为 2.33%。当前处于过去 10 年的高位，数据说明目前投资股市的性价比很高，所以我们才给您推荐这款偏权益类的基金，您看什么时候有空，我给您详细介绍一下。

第 1 章　一开口就拴住客户的心，绝对成交的开口话术　　21

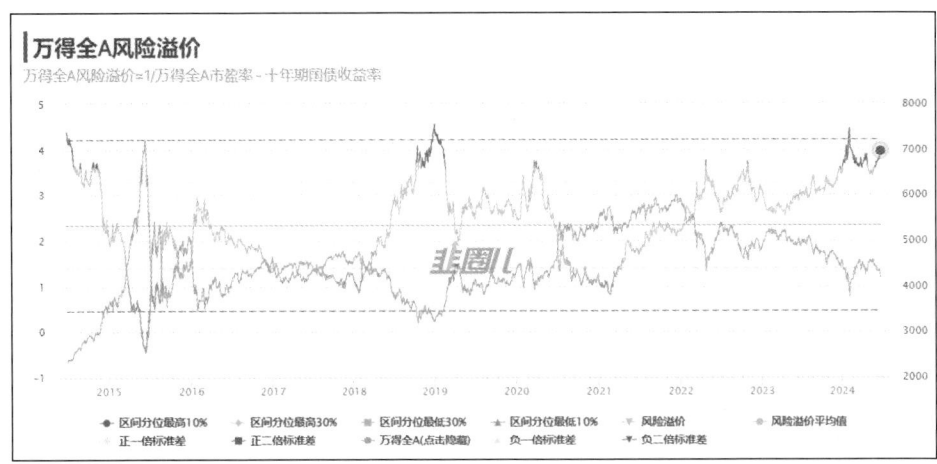

图 1-1　万得全 A 风险溢价截图（时间截至：2024 年 6 月 25 日）

小结：在使用数据的时候要注意以下内容。

- 数据仅供参考，并不是决策的唯一依据，因为毕竟都是回溯性数据，而投资是面向未来的。

- 数据更多地是用来解决客户异议的，所以在开场时尽量用比较简单、易懂或者让人感觉到震惊的数据。

- 数据不会说谎，但是使用数据的人会"说谎"。比如一只基金近 10 年都是正收益，很多人第一直觉是这只基金非常好。但是其中根本没有提及这只基金近 10 年的正收益是多少，可能年化收益率只有百分之零点几。关于数据表达，我们在后面部分会展开叙述。

1.2.9　利用知识分享开场

设计要点："授人以鱼不如授人以渔"，利用科普、投教等知识营销的方式进行切入，更能提升我们在客户心中的专业形象，也更容易打动客户。利用知识分享开场，关键是要客户启动自我联想。

常用句型：今天给您做一个知识分享；想一想/考虑一下/如果……我们建议；您不妨/想象一下……。

1. 知识点分享

（1）给客户推荐固收+产品。

××老师/老总，您好。今天给您做一个知识分享，是关于目前关注度比较高的固收+产品的。咱们可以分为两个部分来看，一个是"固收"，另一个是"+"。

固收就是指以固定收益为底仓，主要投资于债券类的固定收益资产，通过债券贡献基础收益，收益率每年可达到3%~5%，为组合增强操作提供"安全垫"，这部分债券不做波段操作也没有信用风险。"+"主要是指基于固定收益之上的"弹性收益来源"，这一部分也增加了我们的收益。

如果您不喜欢波动太大的产品，又觉得目前理财收益太低，则可以将50%左右的定期资金转到固收+产品，在持有1~2年后，看一看收益。明天我接着给您分享如何筛选固收+产品的知识。

（2）给客户推荐个人养老金账户。

××先生，您好。今天想给您做一个知识分享，讲一讲目前我国的养老保障体系，其由三个支柱构成。第一支柱是国家建立的基本养老保险，也就是我们说的社保；第二支柱是企业建立的企业年金；第三支柱是个人养老金。就目前社会情况来看，随着医疗条件的改善、人口结构老龄化的加剧以及生育率的下降，传统的第一支柱和第二支柱压力已经很大，按照原有的社保来看，养老替代率是不够的，大家的退休金极可能没有现在的工资多。

如果您也担心养老问题，比较关注退休后的生活，我们建议您多了解一下个人养老金制度。明天我继续给您分享个人养老金制度的一些优缺点。

注意：利用知识分享进行开场，关键在于持之以恒，在客户心中建立专业形象；同时要对知识点进行提炼，翻译成自己的语言，不能直接复制、粘贴，最好可以将知识点跟一些节日、热点结合起来。

2. 历史故事

如果在分享知识时加上一些历史故事，也能让知识变得有趣，让客户记忆更深刻，客户对我们的认知也会不一样。

（1）新年给客户推荐产品。

××先生，您好。今天想借"九方皋相马"的故事跟你聊一聊如何选择合适的理财产品。九方皋相马是关注马的天机禀赋，"得其精而忘其粗，在其内而忘其外""见其所见，不见其所不见""视其所视，而遗其所不视"。翻译成白话文就是：要抓精髓而不是看表象，要注重内在品性、抓大放小。这跟我们做投资的逻辑是一样的……

（2）产品亏损时安慰客户。

××先生，您好。我们都知道"亡羊补牢"的故事，当羊圈的一只羊跑了，我们最理性的选择不是去追这只羊，而是回去补好羊圈。我看了您的账户，其实出现亏损的资金只占家庭资产很小的一部分，如果陷在亏损情绪中不能自拔，那损失就真的大了。我们不妨重新对账户做一个诊断，一起复盘看看出现亏损的原因，把我们认知的"牢"补起来，我相信后面的投资一定会让您得偿所愿。

3. 身边案例

××先生，您好。目前由于经济下行，我行理财产品的收益率一直在下降。我们好多资产在50万元以上的客户都开始投资固收+产品了。我看您活期账户上有一笔钱一直没有用，您看最近哪天有空，我给您详细介绍一下固收+产品。

小结：不管是知识点分享、历史故事还是身边案例，其实都是让客户产生"自我联想"，进行对号入座。当客户开始启动自我联想时，我们的开场白就变得很有吸引力了。记住：客户不是被我们说服的，而是被自己说服的。

1.2.10　利用促销活动开场

设计要点：利用促销活动开场，主要是抓住客户"想占便宜"的心理，人为制造紧迫感。

常见句型：仅限前××名客户、仅限×月×日、每人仅限××万元等。

1. 不定期促销

各大银行大力推广的开通个人养老金账户送红包等活动就属于不定期促销活动。

2. 定期促销

不少机构设置了财富节、客户陪伴日等，在这一天购买产品是有费用折扣的。

3. VIP特惠

一些机构针对个人资产在××万元或者日均消费达到××万元的客户，会有一些特惠活动等。

大家平时利用促销作为开场白的情况比较多，尤其是在推广贵金属或爆款基金时，这里就不再举例了。只是补充一下，促销活动需要遵守三大原则：主题敏感性+大力短期+全面告知。

主题敏感性：促销一定要"师出有名"，还要有稀缺性，同时必须有时效性，即使是送红包，也要明确告知客户活动在哪一天结束。在活动开始前的几天再做一些倒计时提示，让客户有紧迫感。

大力短期：促销力度要大，而且要有短期效应。既然是促销，就要有短期的脉冲，可集中在某个时间段进行宣传。

全面告知：做进行促销之前，一定要全面告知客户促销活动是为了吸引客户注意力、激发客户兴趣的，不要事先假设客户不感兴趣。

第 2 章

引爆大卖点，绝对成交的演示话术

2.1　巧用数据，让演示更深入人心

2.2　打个比方，把"陌生"变成"熟悉"

2.3　玩个游戏，让客户参与其中

2.4　FABG 法则，用反问号召行动

2.5　巧用"问、答、赞"，提升信任感

2.6　画图法——让表达更直观

2.7　公式法——让决策变简单

2.8　讲好故事，敲开客户的心

2.9　用好案例法，稳住客户的心

2.10　穷举法——我比你更懂你

第 2 章　引爆大卖点，绝对成交的演示话术

【案例】客户为什么不找我们买基金了？

每当市场行情震荡，趋势切换比较明显的时候，就会有很多理财经理跟我们交流：基金基本上卖不动了。尤其是这几年，权益类产品价格下跌，债券类产品价格下跌，银行理财产品价格也下跌，让很多客户损失很严重，不少客户甚至觉得"你不理财，财不离开你"。

我们也做了很多调研，发现客户不买理财经理推荐的基金，有以下两个核心原因。

- 对理财经理/金融机构/金融产品不再信任。

- 没有感觉到产品的价值。

我们在给客户演示金融产品的时候，需要增强客户对我们的信任感，做到把复杂的产品简单化，让客户更有代入感，能启发其自我联想；同时需要对产品价值进行深刻剖析，让客户感受到自己真的需要该产品。这就是我们这一章要解决的问题，即如何引爆大卖点，让产品演示更高效！

2.1　巧用数据，让演示更深入人心

每当股市行情回暖的时候，很多理财经理就开始晒业绩，如最近基金反弹15%等，但是这些数字的展示真的能刺激客户的购买欲望吗？

我问一位理财经理："1 只基金 5 个月净值上涨了 15%，多吗？"

理财经理说："多。"

我继续问："如果市场上有 10,000 只基金，其中 9999 只基金都上涨了 50%，就你持有的这只基金上涨了 15%，排名第 10,000 名，那你还觉得上涨 15%多吗？"

理财经理说:"不多。"

我们常说:"数据不会说谎,但是使用数据的人是会说谎的。"今天我们就跟大家展开聊一聊数据表达的"诡计",学习如何让数据的表达更深入人心。

2.1.1　对比法

我每次回家的时候,总是看到楼下一水果摊上竖着一个大大的招牌:香蕉原价 19.8 元/斤,现价 8.8 元/斤。

这样的招牌总能吸引我走过去,如果他再加一行:新年特价 7.8 元/斤,将会更大地刺激我的购买欲望。

如果他再花点心思,多加一行字:每人限购 2 斤,我会马上购买并给我老婆打电话,告诉她我今天运气真好。

这里其实就是运用了数据的"对比"功能,制造了一个对比的锚点,原价、现价和特价,再加上一些稀缺性,就让我感觉到占了大便宜。

那么下次再说××基金业绩好,可以试一试这样说:今年 10,000 只基金的平均年化收益率不到 3%,但××基金,今年的年化收益率超过 30%,且最近 3 个月年化收益率超过 40%。

这样会不会让客户感觉更直观?

如果再加一句:为保护持有者利益,单日限购××万元,那么基金是不是会被卖爆?这其实也是很多基金公司目前使用的策略,很多业绩好的基金都限额申购。

此时给客户推荐定投也可以利用数据对各产品进行对比,比如以下案例。

××先生，您好。我们来看几组回测数据，如表 2-1 所示。大盘从 2018 年 1 月一直下跌到 2019 年 1 月，沪深 300 指数跌幅达到 -32%。假如我们就刚好在 2018 年顶部追高买了 20 万元，那么在 2018 年 6 月亏损了 20%，亏掉了 4 万元。此时，我们开始做大额定投，每个月定投 2 万元，连续投入 10 个月，到 2019 年 3 月时，基金净值从 3.54 元经历了微笑曲线回升到了 3.87 元，如果一直持有不动，涨幅可达 9.32%。而此时，定投盈利约 2.65 万元，收益率达到 13.3%，不仅缩短了回本时间，还提高了投资收益率。（摆数据，提升说服力）

如果您这边需要开通定投，我们也可以马上给您办理。（鼓励行动）

表 2-1　某沪深 300ETF 月定投

扣款日期	基金净值（元）	每月定投（元）	买入份额（份）
2018-06-30	3.54	20,000.00	5648.12
2018-07-31	3.58	20,000.00	5590.81
2018-08-31	3.40	20,000.00	5884.95
2018-09-28	3.51	20,000.00	5702.72
2018-10-31	3.21	20,000.00	6221.81
2018-11-30	3.23	20,000.00	6185.06
2018-12-31	3.07	20,000.00	6514.87
2019-01-31	3.20	20,000.00	6246.29
2019-02-28	3.67	20,000.00	5453.45
2019-03-29	3.87	20,000.00	5174.24
定投本金（元）		200,000	58622.30
2019-03-29 定投持仓（元）		226,593	
定投收益（元）		26,593	
定投收益率		13.30%	

数据来源：天天基金网，基金定投计算器。

记住：单纯展示一个数据没有任何意义，一定要增加一个参照数据，设置一个对比锚点，让客户感觉到"占了便宜"。

2.1.2 具象法

很多朋友在介绍某产品业绩不错的时候，常常说"过去 3 个月收益率为 10%"，其实客户对 10%这个数字是没有感觉的。我们除了可使用对比法之外，还可以把数据具象化。

比如：××先生，您知道 3 个月的绝对收益率为 10%是什么概念，那就是 3 个月用 100 万元赚了 10 万元。如果折合成年化收益，则税后约为 40 万元，税前约为 70 万元。您不需要操劳，躺着一年就能赚 70 万元，这一切不是因为您读了耶鲁、哈佛，而仅仅是因为在我们这里买了××基金。即使您没有 100 万元做投资，投资 10 万元也可以啊。

（在表述的时候，眼神要坚定地看着客户，语速放慢。）

再比如：我看到朋友圈有人发文字"二级债基近 5 年年化回报率为 7.65%（数据仅做演示，不构成任何投资建议）"。这个数据显得非常冰冷，没法钻进客户的心里。我们可以对数据进行重新描述，如图 2-1 所示。

一次正确的选择
可以解决你10年口红的用量

图 2-1 一次正确的选择能解决女人 10 年口红的用量

一次正确的选择能解决女人 10 年口红的用量，你想知道其中的秘密吗？一个女人平均一个月买 2 支口红，一年买 24 支，10 年买 240 支，一支口红平均价格为 200 元，10 年花在口红上的钱大概是 4.8 万元，这差不多就是 100 万元买二级债基比存银行定期多出来的盈利的差额。

这其实也是把客户爱算账、爱对比收益率的心理进行了切换，重新设定一个情境。类似的内容还有：

- 一次正确的选择能解决男人 10 年的衬衣用量。

- 一次正确的选择能让你每年都用新 iPhone 手机。

- 为什么一出新手机，他总能提前尝鲜？

记住：很多人对数字是不敏感的，他们敏感的是钱的多少。

2.1.3 场景法

在用数字进行表达的时候，把人带入某个场景之中，让客户产生自我联想，说服力会更强。

例如：在弱市中推广基金定投，如何让客户更容易下单？

××先生，您好。目前我行主推"亲子定投"产品。建议您给孩子做三份定投：第一份，扣款金额为"610 元"，扣款时间选择"每个月 1 号"，这笔投资就是想让孩子每天快快乐乐，每天都像过"六一儿童节"；第二份，扣款金额为"910 元"，扣款时间选择"每个月 10 号"（因为 9 月 10 号是教师节，我们方便记忆），这笔定投是给孩子读书用的；第三份，扣款金额可以设置为孩子的年龄加生日，比如我女儿生日是 23 号，今年 9 岁，那么今年每个月定投扣款金额就是"923 元"，明年就是"1023 元"，扣款时间可以选生日这天，这份投资就是孩子以后的零花钱。您看，要不要今天给您办理一下呢？

2.1.4 变焦镜法

如果我们的产品比别人的好，则可以用"放大镜"把产品优点放大；如果我们的产品比别人差，则可以用"望远镜"，把产品劣势缩小，这就是变焦镜法。

比如，我行理财产品年化收益率为3.5%，他行年化收益率为4%，所以客户要把钱转走。

××先生，您要知道年化收益率4%和年化收益率3.5%，一年只相差千分之五，10万元一年收益只相差500元，每天收益相差不到1.3元。为了这1.3元，您专门花4元钱坐公交车去跑一趟，您觉得值吗？（在说这话的时候要笑着说，等客户情绪冷静下来再转折。）何况，我们是大银行，在给您推荐产品的时候，优先考虑的是产品的安全性……

再如，我行理财产品年化收益率为4%，他行年化收益率为3.5%，从而吸引客户把钱转来。

××先生，您要知道年化收益率4%和3.5%相差了50BP（50个基点，也就是千分之五，只是用"50"让客户感觉很多），您要知道利息上涨50BP得多难啊。10万元一年收益相差500元，100万元一年收益就相差5000元，存10年收益差额就是5万元了。现在赚钱多不容易，5万元差不多相当于很多人1年的收入了，趁我们现在还有点额度，您应该尽快把钱转过来。

小结：在进行数字表达的时候，大家要灵活运用对比法、具象法、场景法和变焦镜法。

2.2 打个比方，把"陌生"变成"熟悉"

不少理财经理跟我交流，说每次给客户推荐基金的时候，客户总说太复杂、听不懂，导致理财经理营销受阻。的确是这样的，人们对陌生的、不熟悉的事物总是心生抗拒的。所以在给一些不是很了解基金的客户介绍产品的时候，建议大家多用"打比方"的方式，把陌生的产品向客户熟悉的领域转化。

2.2.1 如何给客户介绍"为什么买"公募基金

1. "买基金"就如"外出就餐"

您平时工作很忙，也不擅长厨艺，刚好住的地方都是餐厅，味道不错，价格还很便宜，那么您是自己"买菜、烧菜、做饭、洗碗、刷锅"等，把自己搞得很累，还是直接在楼下找个餐厅或者点个外卖呢？

我想您会跟大部分人一样，在楼下找个餐厅或者是点个外卖，既省时又省力。其实，投资理财的逻辑是一样的。自己投资股票就如自己在家做饭一样，需要花时间看财报、听消息、盯指标，费时又费力。买基金就如找个餐厅吃饭，口感不错，菜品丰富，关键还便宜。

2. "买基金"就如"乘坐公共交通"

很多时候"买基金"就像选择"坐公交车"。

公共交通的优点：费用低、专用线路、专职司机、正规公司、优先通行。
公募基金的优点：收费低，投资的是"标准化资产"，基金经理都是学霸、人中龙凤，基金公司背景都很高大上，在认购新股、投资某些标的方面，公募基金更有优势。

当然，还有一些朋友把买基金比喻成"花小钱请学霸给你打工""花小钱当房东"等。

2.2.2　如何给客户介绍"怎么买"公募基金

"怎么投基金"其实就是"怎么选就餐地址"。想一想你平时是怎么选吃饭的地方的？一般有以下三种方式。

1. 有心仪的餐厅

比如你想吃"广州酒家"或者"海底捞火锅"等，那就先找餐厅再选菜品。我们买基金也一样，现在有 148 家基金公司，有擅长权益类的，有擅长固收类的，还有擅长量化、创新品种的等。可以先聚焦"基金公司"，再选产品。

2. 有心仪的菜品

比如冬至的时候，我身边很多朋友就开始满城找"羊肉汤"了。同理，目前白酒、医药、科技类股票都在调整，如果你觉得进场时机差不多了，就可以先聚焦"投资品种"，再选基金产品。

3. 有心仪的厨师

当然，一些资深"吃货"，不找"餐厅"、不看"产品"，只追"厨师"。大厨去哪里，他们就跟到哪里。这就是先聚焦"基金经理"，再选产品。

其实买基金没那么复杂，就跟我们外出吃饭找餐厅是一样的，可以聚焦公司，也可以聚焦品种，还可以聚焦基金经理。

2.2.3　如何给客户说"买多少"公募基金

我们还是以吃饭为例。一顿饭，你准备花多少钱呢？是不是与你的预算、你宴请的目的，以及你宴请的对象有关？

1. 预算：你准备投入多少本金

请客吃饭不能"打肿脸充胖子"地借钱消费、铺张浪费。做投资理财也要因人而异，不能借钱投资，也不能仓位过高，需要先梳理自己的财务状况，比如哪些钱是半年以上用不到的，可以拿过来做理财。

2. 目的：投资的目标

请客吃饭的目的可以是家庭聚会、托人办事，也可以是朋友之间的随便聚一聚。做理财的目的，有的是为了"强制储蓄"，有的是为了"抵御通货膨胀"，有的是为了"博得高收益"，还有的只是为了"随便买着玩一玩"。目的不一样，产品的投入金额也不一样。

比如：目的为强制储蓄的，可以拿出每个月收入的 1/3 做基金定投；目的为抵御通胀的，可以拿出家庭现金流的 50%配置"固收+"产品；目的为博高收益的，至少拿出家庭现金流的 30%买权益类产品；目的为随便玩一玩的，那就拿出家庭资产的 10%左右，买一些开放式基金。

3. 对象：投资为了满足谁

宴请的对象往往也能决定这顿饭花多少钱。我们常说"理财就是理生活"，问题在于"理谁的生活"？对象不一样，投资比例也不一样。

一般而言，儿女是最花钱的，是投向未来的，可至少拿出家庭资产的 40%为他们做投资；爱人是相伴我们一生的，可以用家庭资产的 30%投资；父母是基石，是安全的港湾，可以用家庭资产的 20%为父母投资；可以给自己留 10%的家庭资产做投资。

写到这里，你们也发现了，基金投资其实很简单，就如我们吃饭一样，人需要吃饭补充营养，财富需要打理才"更健康"。

小结：打比方的作用是触发人们的"先验知识"，在人们的已知和未知之间搭建桥梁。一个好的比喻往往能有"事半功倍""化繁为简"的效果。

2.3 玩个游戏，让客户参与其中

我们来玩个游戏：你去一家银行办业务，但进去必须测体温，同时要做好手部清洁。在桌子上摆放了三种洗手液，你会怎么选择呢？

A. 蓝月亮洗手液

B. 无色无味洗手凝胶

C. 湿纸巾

在脑海中默默地记住你的答案，我们再看下面的文字。

2.3.1 选 A 的朋友

对于选 A 的朋友，我们可以使用以下话术。

在我看来您是一位做事情非常细致，而且希望事情在您的掌控范围之内的人，不怕麻烦，但是注重安全。

在投资中，您可能会频繁看账户，而且经常关注基金净值，但这正是投资亏损的主因。

所以，建议您配置一款有固定持有期的产品，比如持有期为 6 个月或 1 年，这样可以强制性管住自己的手。

2.3.2 选 B 的朋友

对于选 B 的朋友，我们可以有以下话术。

在我看来您是一位比较信任专业机构，做事情懂得抓大放小，不会过度考虑细节的人。在投资中，您可能没有太多时间去关注市场每天的变化。

所以，建议您配置一款有固定持有期的产品，比如持有期为 6 个月或 1 年，一旦选择了就静待花开吧。

2.3.3 选 C 的朋友

对于选 C 的朋友，我们可以有以下话术。

在我看来您平时就不喜欢操心太多细节、琐碎的事，而且会比较忙碌，喜欢快刀斩乱麻，做事简单。在投资中，选定的也是认准的产品，不会管太多细节。

所以，建议您配置一款有固定持有期的产品，比如持有期为 6 个月或 1 年，一旦选择了就坚定持有吧。

你发现了什么？

是的，不论客户选哪个选项，我推荐的都是同一款产品，我只是想让客户感觉到我推荐的产品是为客户量身定制的而已。

很多朋友搞不懂了，为什么多此一举呢？

"玩个游戏"是在我们开始营销前为客户搭建的一条"心理滑道"，可以启动客户的自我联想，让客户对号入座。

类似的还有：对客户说你对星座、血型、色彩等有研究，能根据不同的特征来给他建议产品。当前非常火的"MBTI"测试，也是一样的原理。人总是在寻找自己的定位，当他参与某个游戏的时候，其实已经启动了自我联想，觉得自己好像真的是这样的。当然，这些只是善意的小游戏而已，并不是故意戏弄客户。

2.4 FABG法则，用反问号召行动

一般我们用"FABE"产品销售法向客户推荐产品，其中，F 代表特征（Fature），A 代表优点（Advantage），B 代表利益（Benefit），E 代表证据（Evidence）。

这里给大家介绍的是"FABG"产品销售法，其中，F 代表特征，A 代表优点，B 代表利益，G 代表反问（Grabber）。

客户问身边很多朋友投资基金现在都亏了 20% 以上了，你们还给我推荐基金定投？

理财经理：是的！正是因为现在市场环境不太好，您平时又没有太多时间关注资本市场，而且很多朋友跟您一样想将手上的闲钱通过投资理财抵御通货膨胀，不让钱贬值，所以我们才给您推荐"基金定投"。

我们把基金定投的特点归纳为"快、点、长、大"四个字，具体如下。

- 快：在基金下跌时，可快速摊薄成本。

- 点：起购金额低，每个月定投 300 元即可。

- 长：基金定投是一种自动化的长期投资方式，不需要频繁操作。

- 大：经过一段时间的规律扣款，等市场回暖，你会发现账户收益逐渐变多，账户变"大"了。

基金定投尤其适合"下跌市场"和"震荡市场"。因为这时候，用相同的金额能买入更多的基金份额；在市场上涨的时候，我们盈利的概率就会增加。而且目前参与基金定投，还能享受我行指定产品的费率优惠。很多朋友都拿出月工资的10%在我们银行做了基金定投，您看是否需要我们也给您开通一个账户呢？

客户问：为什么要开通个人养老金账户？

答：个人养老金制度是应对人口老龄化、完善养老金体系建设的重要抓手。同时个人养老金对个人而言，还有以下三大好处。

- 专款专用。该账户实行封闭运营，除另有规定外不得提前支取。因此，个人养老金拥有强制储蓄、最终达到专款专用的目的的作用，即让个人老有所养。

- 丰富的投资品种。个人养老金账户的资金可以购买符合规定的银行理财产品、公募基金、储蓄存款、商业养老保险等，在一定程度上能引导居民进行长期投资，确保资金保值增值。

- 税收优惠。参加个人养老金，可以享受国家制定的税收优惠政策，目前规定参加人每年缴纳个人养老金的上限为12,000元。

目前在我行开通个人养老金账户，还有红包惊喜。如果充值成功，还有额外红包赠送。红包数量有限，您要不趁今天刚好有空开通账户？

小结：FABG的使用要点，在"特点—优点—利益"陈述完之后，增加一个"反问",即以反问的方式重申产品的价值,更能号召客户行动。很多朋友常常在使用"FABE"的方式给客户介绍了产品之后,客户没有反应,原因是我们没有让客户回复。

2.5 巧用"问、答、赞",提升信任感

在实际演示产品的过程中,我们可以使用"问、答、赞"(简称 QSA)技巧,即向客户提问,得到客户回答,然后我们表示赞同,借此来构建和增强我们与客户之间的信任关系。

2.5.1 习惯性的对话模式(无"问、答、赞")

习惯性的对话模式(无"问、答、赞")如下。

客户经理(问):"您今天怎么到我们网点来了?"

客户(答):"我想买点儿产品。"

客户经理(问):"您想买点儿什么样的产品呢?"

客户(答):"买点儿理财产品。"

客户经理(问):"买多少金额的理财?"

客户(答):"50 万元左右。"

客户经理(问):"那您准备投资多长时间?"

客户(答):"投资 1 年左右。"

点评：整体对话让人感觉非常正式、官方，甚至显得有一些冰冷，难以顺利拉近与客户之间的关系。

2.5.2 加上"问、答、赞"的对话模式

与客户之间加上"问、答、赞"的对话如下。

客户经理（问）："您今天怎么到我们网点来了？"

客户（答）："我想买点儿理财产品。"

客户经理（赞）："好啊！这个时候的确应该配置一点儿理财产品了。"

客户经理（问）："您想买什么样的理财产品？"

客户（答）："想买类固收的产品。"

客户经理（赞）："张姐，您很会踩时机啊！现在我行的类固收上了很多新品种。"

客户经理（问）："那您准备投资多长时间呢？"

客户（答）："投资1年左右。"

客户经理（赞）："不错！如果投资1年以上，我还有更好的建议。"

记住：提问+顾客回答+支持性回应=信任。

2.6 画图法——让表达更直观

我们常常说"好记性不如烂笔头"，在给客户演示的时候，可以画一些简

单图示，把复杂专业的问题变得简单明了。

比如很多理财经理给客户介绍养老目标基金的时候，客户听得晕头转向，可以简单画一个流程图，以养老目标日期2050年为例，如图2-2所示。

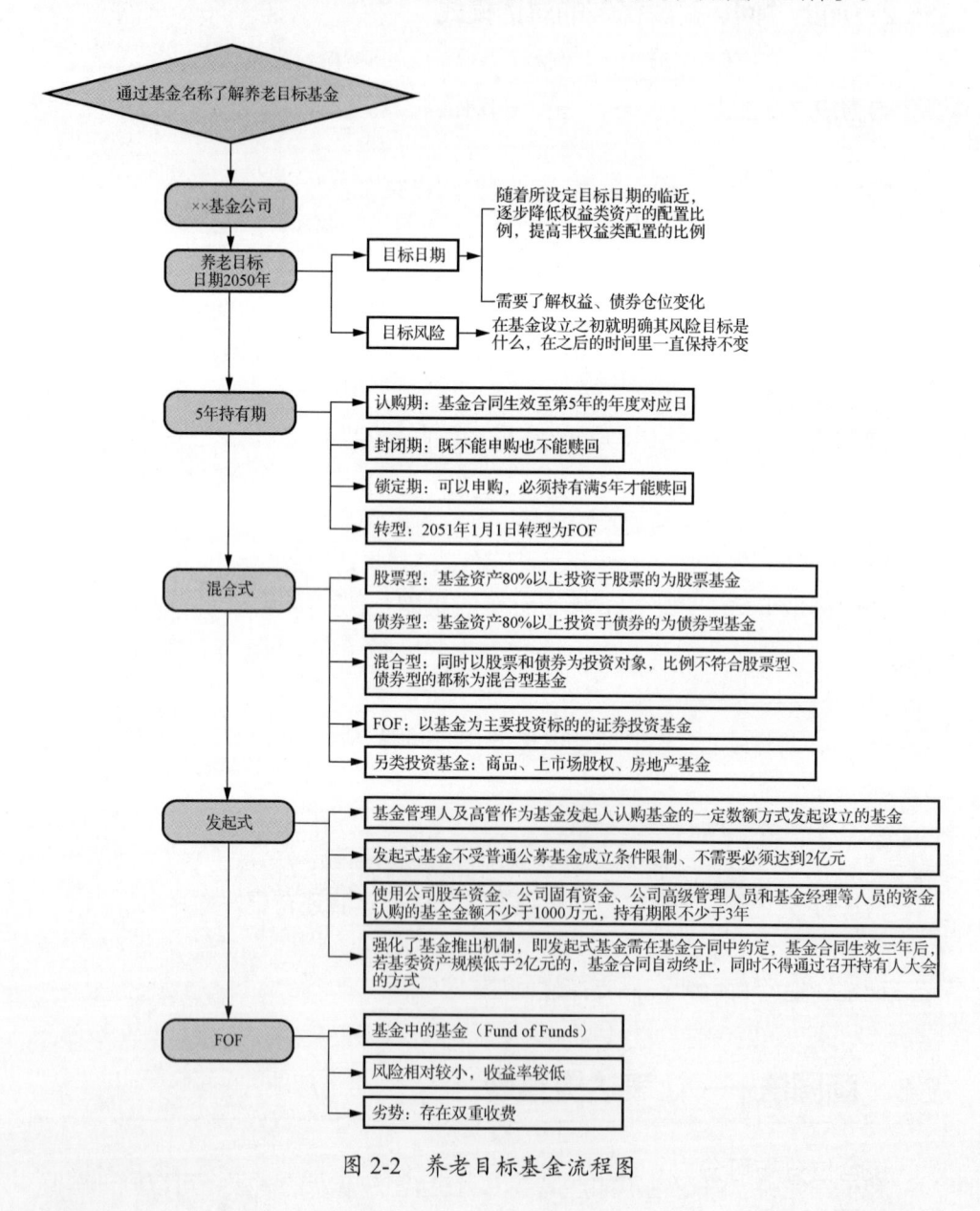

```
通过基金名称了解养老目标基金
    │
    ××基金公司
    │
    养老目标       ┌─ 目标日期 ── 随着所设定目标日期的临近，
    日期2050年 ───┤              逐步降低权益类资产的配置比
                  │              例，提高非权益类配置的比例
                  │              ── 需要了解权益、债券仓位变化
                  └─ 目标风险 ── 在基金设立之初就明确其风险目标是
                                什么，在之后的时间里一直保持不变
    │
    5年持有期 ──┬─ 认购期：基金合同生效至第5年的年度对应日
                ├─ 封闭期：既不能申购也不能赎回
                ├─ 锁定期：可以申购，必须持有满5年才能赎回
                └─ 转型：2051年1月1日转型为FOF
    │
    混合式 ─────┬─ 股票型：基金资产80%以上投资于股票的为股票基金
                ├─ 债券型：基金资产80%以上投资于债券的为债券型基金
                ├─ 混合型：同时以股票和债券为投资对象，比例不符合股票型、
                │          债券型的都称为混合型基金
                ├─ FOF：以基金为主要投资标的的证券投资基金
                └─ 另类投资基金：商品、上市场股权、房地产基金
    │
    发起式 ─────┬─ 基金管理人及高管作为基金发起人认购基金的一定数额方式发起设立的基金
                ├─ 发起式基金不受普通公募基金成立条件限制、不需要必须达到2亿元
                ├─ 使用公司股车资金、公司固有资金、公司高级管理人员和基金经理等人员的资金
                │   认购的基全金额不少于1000万元，持有期限不少于3年
                └─ 强化了基金推出机制，即发起式基金需在基金合同中约定，基金合同生效三年后，
                    若基委资产规模低于2亿元的，基金合同自动终止，同时不得通过召开持有人大会
                    的方式
    │
    FOF ────────┬─ 基金中的基金（Fund of Funds）
                ├─ 风险相对较小，收益率较低
                └─ 劣势：存在双重收费
```

图 2-2　养老目标基金流程图

再比如，在给客户讲解资产配置的时候，可以利用"四分法"，即拿一张白纸，在纸上画一个"十字架"，把客户资金分成四份。

按资金来源可分成：零钱、闲钱、省下来的钱、赚来的钱，如图2-3所示。

零钱	闲钱
活期账上规整 社区积分兑换 零钱理财PK ……	刚到一笔年终奖 定期账上很久没有用
省下来的钱	赚来的钱
旅游省的 买房省的 手续费省的 贷款省的 ……	3年内买基金赚的 购买其他金融产品赚的 非主业赚的

图 2-3 四分法——按资金来源分

按资金用途可分为：活钱、稳健的钱、长期投资的钱和养老保障的钱，如图2-4所示。

活钱	稳健的钱
随时有，现金理财	稳健增值，1～2年，固定收益
长期投资的钱	养老保障的钱
长期投资，投资时间3年左右，权益、ETF、定投等	用来退休养老，5年以上，保险、定投、养老FOF

图 2-4 四分法——按资金用途分

按仓位分布可分为：底仓、配置仓、定投仓和现金仓，四种方式的钱如图2-5所示。

底仓	配置仓
10%~20%，不管什么时候都不动，封闭式/持有期产品或者绩优权益类	30%左右，抓热点，开放式灵活进出，行业ETF
定投仓	现金仓
10%左右，不停扣款 滚动止盈	20%~30%，循环现金仓

图 2-5 四分法——按仓位分

小结：画图的方式可以让我们的表达更清晰，让演示更直观，也容易让客户知道该怎么做。除了"流程图""四分图"，还有"鱼骨图""倒金字塔/正金字塔"等画图方式。

2.7 公式法——让决策变简单

当客户不知道怎么做决策的时候，可以用一些简单的公式来协助客户进行决策，这会让客户更有安全感，也能让客户的决策变得更简单。

2.7.1 公式1：账户收益=投入本金×产品收益率

1. 个人投资者的核心目的

个人投资者投资的核心目的就是要让账户增加收益，请记住这个简单的公式：账户收益=投入本金×产品收益率

从公式中（这里先不考虑时间因素，时间变量后续再引入）我们要记住"3个不等于"，具体如下。

（1）产品收益率高不等于你赚到了钱。

据统计，50%以上的客户会在买入基金的 3 个月赎回，70%的客户会在 6 个月赎回。因为客户频繁操作，所以常常是这只基金在盈利，但是买这只基金的基民却没赚到钱。

（2）持有高收益率产品不等于钱赚得多。

有时候虽然我们持有的某只产品的收益率比较高，但是因为投入本金少，所以对个人账户实际收益贡献并不高。

（3）想赚钱不等于要追求高收益率产品。

比如，投入金额为 300 万元，选择了某只年化收益率为 5%左右的产品，持有 1 年账户实际收益为 15 万元。因为产品稳健，风险偏小，所以你就敢投入更多的本金，账户实际收益也会非常可观。如果用 300 万元直接买高风险、高收益的产品，很多人就会迟疑。

2. 如何增加账户绝对收益

本金与专业度九宫格如表 2-2 所示，可以做一个简单的对照。

表 2-2　本金与专业度九宫格

本金	低专业度	中专业度	高专业度
低本金	学习/努力工作	定投权益类	期货、期权
中本金	定投权益类 一次性纯债 二级债等固收+产品	定投权益类 混合偏债 平衡型基金 大 V 跟投	资产配置 权益类基金 股票/ETF

续表

本金	低专业度	中专业度	高专业度
高本金	固收+ 定投	定投 债基+股基 资产配置	权益类 资产配置 专户定制

注：低本金是指投资金额少于 20 万元；中本金为 20 万～300 万元；高本金为 300 万元以上；低专业度，即有一定理财意识，但是不懂具体产品；中专业度，即有一定理财意识，也懂一些产品知识，但是没有形成自我投资哲学；高专业度，即有理财意识，懂产品知识，也有自我投资哲学。

要增加账户的绝对收益，有以下 3 种常见方法。

（1）本金固定，调高产品风险等级。

如果你的现金流受限或者你只想拿部分资金放在资本市场，同时又想增加账户收益，那么最好的方式就是加强自我学习，多掌握一些专业知识，提高自己的专业度。

不追加投资额，又想增加账户实际收益，就只能选择风险等级更高，预期收益率更高的投资品种，如股票、期货、期权、指数基金等，但这样可能也会面临更大的波动和亏损。

适用人群：初入职场或者临近退休人员，因为他们现金流相对较少且金额比较固定，投资时间比较充裕。

（2）增加部分本金和调高投资产品风险等级。

如果你的现金流比较充足，而且投资时间也比较充裕，则可以增加部分本金和调高投资产品的风险等级。当新增了一笔收入或者家庭流动性资产增多之后，可以选择一些风险等级略高的产品，比如混合偏债、平衡型基金等。

我们常说"财富是认知的变现"，在调高产品风险等级的时候，对产品的了解一定要更加深入，切不可盲从。

适用人群：职场老司机、企业中层领导、个体经营户等，因为他们现金流比较富裕，收入比支出多，还有一些闲暇时间。

（3）大幅增加本金，产品风险等级不变。

如果工作很忙，没有时间关注资本市场，而且工作带来的收益更可观，不想承受太高的风险，那就只能大幅增加投入金额。

需要注意的是：之前很多稳健型投资者选择"货币基金"和"传统银行理财"，但由于货币基金收益率持续走低且银行理财向净值化转型，因此越来越多的投资者选择"固收+"产品。

适用人群：高净值客户，因为他们对资本市场不是很感兴趣，没有太多闲暇时间。

我们发现，要想在资本市场赚到钱，就得要么有足够多的本金，要么有丰富的知识。如果本金不多，知识储备量也不够，很可能就是"炒基氛围组"的人员或者被割的"韭菜"，还不如入手基金定投或者一些低风险产品。

小结：当你熟练利用该公式时就可以解决客户的很多疑问，如"为什么权益类产品收益很好，你们却推固收+产品？""我的本金不多，害怕风险，你们为什么还给我推荐权益类基金呢？""我基金定投的收益率已经达到20%，该不该赎回呢？"等。

2.7.2 公式2：支出=收入-节余

我们知道"节余=收入-支出"，那么进行等式变换，则有"支出=收入-节余"。利用变形后的公式可以解决客户"我没有多余的钱，所以不做投资"的问题。

比如客户说每个月都是"月光"，哪里有钱投资？

答：是的，很多年轻人每个月都是"月光族"，所以更多地关注眼前的生活，虽然知道养老很重要，但是却时常感觉有心无力。

其实，我们每个月拿到收入后，可以先把要存的、要花费的扣减下来，再去消费，这样我们不仅能存到养老钱，还能养成更好的生活习惯。

所以，当客户再说"我没有钱做基金定投、养老投资"时，我们要跟他说"基金定投/个人养老金就是帮助你每个月省钱的利器"。

2.7.3　公式3：72定律

72定律公式：72/年化收益率=投资翻倍所需要的时间

该公式还可以用于估计货币购买力减半所需要的时间，如假设年化收益率约为3%，运用"72定律"计算减半的时间约为72/3=24年。

利用该公式可以唤醒客户对通胀的担忧以及对资产保值的需求。

2.7.4　公式4：风险资产投资比例=(100或80-年龄)×100%

该公式的意思是人年纪越大，风险承受能力越弱，用100或80减去你的年龄再乘以100%，得出的数字就是你能投入高风险产品的投资比例，但是这一公式在实际中并不是特别适用。现在很多有钱人都是60多岁的，风险承受能力比一些年轻人还强，所以该公式要慎用。

2.7.5　公式5：4321定律

4321定律是很多人在讲资产配置时会用的公式。比如40%保值，投固收类产品；30%增值，投权益类产品；20%保命，买保险；10%现金，保持现金流等。

小结：公式有时候具有强大的说服力，利用简单公式给客户进行演示，会让我们的表述有据可依，增强客户对我们的信任度，也更易让客户做决策。

2.8 讲好故事，敲开客户的心

真正的销售高手都是讲故事的高手，比如2022年爆火的董宇辉就是讲故事的高手。

2.8.1 董宇辉卖虾

董宇辉在直播卖虾的开始并没有提和虾有关的话题，而是聊起了自己和妈妈的故事。他说自己非常热爱在新东方的工作，站在讲台上对着一帮学生高谈阔论、解惑答疑，感到很有乐趣，充满了成就感。但其每天早出晚归，一心扑在工作上，几乎没有时间顾及自己的生活。

有一次妈妈去看他了，却一连几天都见不着他的面。直到有一次他饿了，打开冰箱，看到了妈妈包好的摆得整整齐齐的饺子，他才知道妈妈来过。妈妈给他留了一张字条，叮嘱他在工作的同时要照顾好身体，好好吃饭，注意休息。分享完这件事，他才提到了眼前的大虾，淡淡地说了几遍"很大个，很新鲜"。

就是这样，很多人被这个温情的故事打动了，就下单了。

我相信董宇辉一定是讲故事的高手，就单单"卖虾"这个视频，里面有场景（聊妈妈来看他），有细节（因为太忙，忘记了回信息。几天之后，打开冰箱一看，有妈妈做的水饺），有节奏（语气很平淡，情感很克制），有情感（对母爱的回应），这让我们不自觉地走进了那个温情的世界，于是就有了购买的行动。

所以，我们在给客户进行产品展示的时候，也要做一个有心人，可以准备一些自己的故事或者别人的故事。

2.8.2 基金定投的故事

有很多客户觉得基金定投是"鸡肋",但我曾给不少朋友讲过我的基金定投的故事,以此来打动他们,敲开他们的心。

我真正持续地做基金定投,是从 2016 年 6 月 1 日开始的。这一天,我记忆非常深刻。那时,我还在基金公司卖基金,经常四处出差,很少陪女儿。难得的一个"六一儿童节",我带着女儿去逛街,在广场上看着 3 岁女儿飞奔的背影,我一阵感慨,她慢慢长大了,而我这个做父亲的在她的成长过程中却常常是缺席的。

我该如何表达对女儿的爱呢?买玩具?基本上我每次出差都要给她买玩具,但由于出差太过于频繁,以至于家里的玩具都堆成了山,再也买不到什么新鲜的玩具了。

那一刻,我觉得"她缺的不是玩具,是一份实实在在的陪伴",是一份父母虽然很忙,但是花了很多心思在呵护她的温馨。所以,当天我就给她买了一份基金定投,每个月扣款 610 元(如图 2-6 所示)。给女儿买了一份定投之后,我内心自责的情感得到了极大释怀,在女儿上了小学之后,我又陆续地增加了一些定投的金额。

图 2-6 给女儿买的基金定投

到了2017年的七夕节，我正在为给老婆送什么礼物而发愁。以前谈恋爱的时候，感觉送一束花都是非常浪漫的；结完婚，有了小孩之后，老婆感觉送花都是一种浪费，送礼物也纯属浪费钱，但是生活仪式感又是不能少的。所以这一天，我也跟老婆商量，给她专门开了一个定投账户，每个月我们往里面存521元，以后就不要说我节日没有给她买礼物了（如图2-7所示），因为"节日花的是钱，不是爱；定投投入的是爱，不是钱"。

图2-7 给老婆买的基金定投

当我觉得已经把女儿和老婆的情感做了一些安抚之后，心里总想着是不是也该给父母做一些相应的安排，尤其是毕业之后，工作太忙，回家太少，很担心父母觉得我"有了老婆，忘了爹娘"。2017年中秋节，我带父母出去旅游了一次，看到父母开心的模样，那一刻我才真正明白"陪伴，不是常回家看看，而是带父母满世界转转"。那一年，我又设置了新的定投账户，主要是为了给父母准备旅游经费。

后面随着家庭收入的增加，我又给女儿买了一些教育金保险，给老婆配置了一些养老金保险。同时2020年因为接了一个银行的辅导项目，我又加投了一些定投资金。目前定投收益率是-20%，但是我内心非常平静，因为我知道这几笔钱是给女儿读书、陪伴女儿成长和给老婆零花用的，也就没有太关注盈亏。

这一阶段给了我以下启示。

（1）基金定投承载了我的情感诉求。

很多时候，一个人在前面冲锋陷阵的时候，后面有很多亲人在默默为我们付出。真正的轻松，一定是给家里人都做好了相应的安排。当我给家里人都做了几户定投的时候，我的情感重担卸下了不少。

（2）投资除有功能性需求之外，还有情感性需求。

我们很多朋友做投资都是为了赚钱，其实每笔钱背后都有一个人，都有一份生活。当我们无法忍受市场波动，无法坚持长期投资的时候，不妨关注一下这笔投资背后的受益人。

小结：好的故事是催泪弹，也容易敲开客户的心，我们平时要做一个有心人，收集别人的故事，总结自己的故事。

2.9 用好案例法，稳住客户的心

在给客户做演示的过程中，一个好的案例往往能起到奇效。人很容易受到周围人的影响。比如新冠疫情，在 2022 年 12 月之前，如果被病毒感染了，则是一件讳莫如深的事情；但是仅仅过了两个星期后，很多媒体和公众人物就开始分享自己被病毒感染的经历，让普通民众不再如之前那么恐慌，焦虑的心也就被抚平了不少。

2.9.1 案例一：客户质疑长期投资

我们常常给客户讲长期投资，很多客户听不进去，但 2020 年年底的一个"丈母娘"的投资案例让很多客户又对长期投资有了新的认识。

如图 2-8 所示，资产从 4.7 万元涨到 134.9 万元，这不是段子，而是一个真实的投资者案例。

图 2-8　微信截图——长期投资案例

原来，这位"丈母娘"是某基金持有人，从该基金 2003 年成立时买入，采用了红利再投资，所以持仓单价越来越低，持仓份额增加了，2020 年 10 月 14 日的数据显示，其盈利高达 134.9 万元。

这个案例给我很大的启示：为什么我们明明知道长期投资能赚钱，可是却拿不住呢？很大程度上，可能是因为过于关注。所以，我建议在投资的时候，一定要用"闲钱"，保持一颗"闲心"，有一点"闲时"。目前如果您手中的闲钱比较多，建议配置××基金，静待花开……（投资有风险）

2.9.2　案例二：客户质疑基金定投

股市大盘跌破 3000 点，大家都因市场的下跌而苦不堪言，估计很多人的账户都跌破 30%以上了,所以都在问该怎么办。我先问大家一个问题:当你的基金账户资金一度被"腰斩",同时,市场充斥着关于该基金的负面新闻时,你会怎么做?

我想大部分人都会选择"割肉跑路"。

但是,我的一个朋友,就靠着在低位持续定投,实现了从收益率-70%多到接近+125%的大逆袭。

他在 2019 年 9 月开始买进,当时股市大盘已经从高点跌下来了,他原本以为自己是进去抄底的,结果真的抄到了"半山腰"。特别是在 2020 年爆发"原油宝事件"后,这只基金暴跌到净值只有 0.16 元,而我这位朋友的成本在 0.55 元左右,当时持仓收益率已经达到了-70%多。

然后他就开启了持续密集的底部定投,越跌越买(如图 2-9 所示),当遇到阶段性高点时,也逐步卖出一点。然后在 2020 年 10 月时,他投完了最后的闲钱,然后开始用卖债基金的钱来加仓。总之,在他看来,暴跌后一定是底部加仓、大量积攒筹码的好时机,最后他加仓完了所有的闲钱,才暂停了定投。

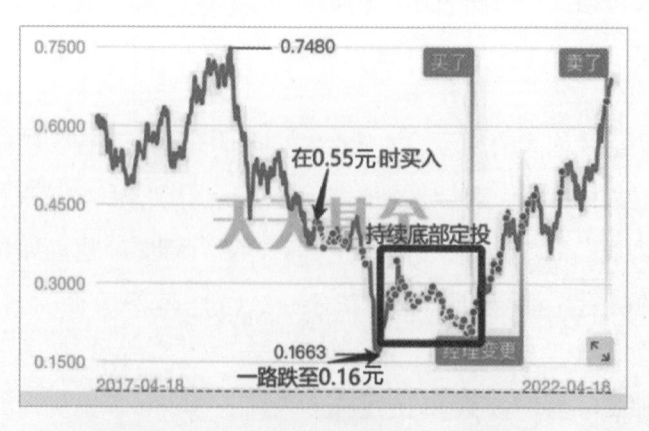

图 2-9 天天基金账户截图——基金定投

谁也没有想到，一切开始反转，他迎来了"微笑曲线"的右侧部分，开始扭亏为盈，从亏损-70%多到盈利接近125%（如图 2-10 所示）。

图 2-10　天天基金账户截图——持有收益率

这位朋友的案例真的给了我很大的触动，虽然自己心里很清楚定投的好处，但是这么极致的例子，也是第一次看到，并且还距离我这么近，所以这个案例也给了我以下启发。

- 投资要有信仰，要相信长期投资是能赚钱的。

- 一旦选择了基金定投，就一定要坚持，止盈不止损。

- 持有基金定投的过程中，要有耐心，选择了就去相信。

小结：在使用案例法的时候，一定要用真实的案例，尤其是用身边人的案例给客户展示（如果有截图更好）会更有说服力。虽然很多朋友经常列举巴菲特、索罗斯等案例，但是这些案例中的人距离我们太遥远，身边人的案例更让我们看得见、摸得着。另外，一定要进行总结，如通过该案例带给我们什么启示，期待客户有什么行动等。

2.10 穷举法——我比你更懂你

在给客户进行产品演示的时候，还可以用"穷举法"，把客户可能想到和没有想到的问题都提前做好整理，全部展示给客户，让客户感觉"我们比他更懂他"，同时也能让客户觉得我们的确经验丰富，值得信赖。

客户为什么不购买？从经验来看，无外乎是因为客户担心时间风险、市场风险、看不懂资本市场和资金风险。下面我们对客户所担心的问题进行详细分析。

2.10.1 时间风险

时间风险的具体表现及应对方法如下。

（1）没有时间购买。

【应对方法1】告知客户我们有手机银行、网银等一系列可以足不出户的购买方式，或者抽时间来银行挂个单也行。

【应对方法2】走进企业，走进社区，拿着无线POSE机上门服务，把银行搬到企业、搬到社区。利用周末批量推荐产品，批量办理业务，解决客户后顾之忧。

（2）没有时间关注股市。

【应对方法】告知客户买基金不需要太关注股市，有专门的理财经理为其服务。

（3）钱随时会用。

【应对方法】为客户做好资金分配。可以将客户资金分成4份，一份应急、一份备用、一份保障、一份增值。充分借用资产配置理念来对客户资金进行拆分使用。

2.10.2 市场风险

总担心买的基金产品不靠谱、买了就亏钱，具体表现及应对方法如下。

（1）不了解基金公司/不认识基金经理。

【应对方法1】背书保证。告知客户：入选我行重点合作单位的基金公司都是经过严格审核的，有非常严格的准入机制，而且都是正规的公募机构，给您推荐的产品也是经过我们严格分析、比对的，是基于目前市场行情以及您的资产状况和风险评估表做出的合理判断。

【应对方法2】独立第三方推荐。可以利用第三方软件的推荐、非关联方写的研究报告或者一些公开媒体的报道来佐证。

（2）不知道产品设计原理。

【应对方法】介绍产品的时候少用专业术语，多用做比较、讲故事、举例子、用数字、打比方等方式来讲解，可以看看我们前文已经讲过的内容。

2.10.3 看不懂资本市场

看不懂资本市场的应对方法如下。

【应对方法】做售后服务承诺。比如多久为客户播报一次净值，多久提示一次风险，多久提供一次资产状况体检，什么时候提示离场信号等。

2.10.4 资金风险

对于个人投资者而言，我非常认同巴菲特说的"真正的风险，不是波动的风险，也不是价格下跌了30%或者50%，而是永久性损失和回报太低的风险"。

如果你在崩盘后卖出，就锁定了损失，如果你缺乏勇气再买回来，那么损失就真的成为现实的损失、真正的永久性损失。

另外，投资除要关注资金数字之外，还要关注资金实际的购买力。比如，10年后，你账户上的钱虽然没有少，但是能买到的东西越来越少，因为世界上最大的"小偷"就是通货膨胀。理财不仅仅要盯着现在，也要关注未来。

小结：使用穷举法，首先是要把客户担心的各种情况进行列举，让客户觉得我们比他更懂他，从而建立我们的权威；然后，在穷举完、分析完之后，要进行"巧妙转折""重新定义"，从而引导客户进行决策。

至此，关于如何"引爆大卖点，让演示更高效"我们就讲完了。后续，大家可以灵活地使用本章介绍的10种方法来提高金融产品的售卖成交率。

第 3 章

明明白白他的心,绝对成交的攻心话术

3.1 从众心理:他也这样做了,我怕什么

3.2 承诺与一致:一言既出,驷马难追

3.3 互惠的力量:先给予,再索取

3.4 登门槛效应:从小要求开始,循序渐进

3.5 因为稀缺,所以值得拥有

3.6 占便宜:客户要的不是"便宜",而是"占便宜"

3.7 喜好效应:人以群分,物以类聚

3.8 "手段—目标链—关键核心":关注终极目标

3.9 推敲可能性模型:关注客户决策路径

3.10 重复的力量:展示,展示,再展示

【案例】卖净值化产品到底是在卖什么？

这几年，基金很难卖。不少金融机构的朋友跟我们交流，过去几年，很多基金都出现了亏损，导致客户对理财经理的信任度降低，基本上无法实现对客户的第二次销售，且维护客户的难度非常大。传统的话术、维护技巧都作用不大，导致开发新客户非常困难，那么我们到底该怎么办呢？

在回答怎么办之前，我们先思考卖净值化产品（基金和净值化理财）到底是在"卖什么"。

"净值化产品"跟"传统计价式产品""摊余成本法产品"最大的区别在于：净值化产品的净值表现是波动的，所以我们卖的是"预期"，是"可能是""将会是"等不确定性结果，而不是"肯定是""一定是"等确定性结果。

客户购买净值化产品买的是一种"信任感"（相信你、相信这个理财经理、相信目前的市场、相信银行/券商、相信国运等），持有的是一种"安全感"（净值走势很稳、对理财经理风格很了解、你的服务很到位等），结束投资客户需要有"获得感"（账户赚钱了，客户认知提高了、情感满足了等）。

通过上文我们发现，客户"感知"的落脚点都在一个"感"字上面，即信任感、安全感、获得感。所以销售净值化产品的关键在于影响客户的"感知"，而客户感知是非常主观的，很容易受到周围人、周围情境、自己心境等的影响。下面，我们就系统地聊一聊如何弄明白客户的心，悄然无息地影响客户的决策。

3.1 从众心理：他也这样做了，我怕什么

大家都很熟悉从众效应，就是别人干什么，我也跟着干什么。对于从众心理的研究，勒庞在《乌合之众：大众心理研究》一书中讲得非常系统，我摘抄其中几段话，供大家再次思考。

- 聚集成群的人，他们的感情和思想全都采取同一个方向，他们自觉的个性消失，形成一种集体心理。

- 在群体中，每种感情和行动都有传染性。

- 群体的集体观察极可能出错，大多数时候它表达的是在传染过程中影响着同伴的个人幻觉。

- 要让群体相信什么：首先得搞清楚让他们兴奋的感情，并且装出自己也很有这种感情的样子；然后借助初级的联想方式，用一些非常著名的暗示性形象，去改变他们的看法。

……

从众心理在心理学上被称为"社会认同"，即在判断何为正确的时候，会根据别人的意见行事。一般而言，在实际运用中，可以利用以下方法来说服客户从而争取到客户。

3.1.1 案例法

"案例法"就是对我们服务过的客户案例做好归纳整理，同时总结出一套方法论，在跟客户沟通的时候，一方面彰显我们的实力，另一方面也让对方了解其他客户在做什么。

适用场景：适合一些"有动力但是没有什么能力"的投资者，他们往往有投资的意愿，但苦于不知道如何操作。

关键点：案例既可以是自己实操过的，也可以是自己的一些成熟的想法；要将案例库的内容广泛扩散出去，有客户主动咨询更好。

举例说明：

××先生，您好。今天主要是想把其他客户的一些投资案例跟您分享一下。过去几年市场的表现非常差，不少客户的投资账户亏损都在10%以上。但是，我的好几个客户在这种市场环境下依然取得了比较好的收益，我把他们的操作做了一个整理，看看是否对您的投资有一些帮助：①仓位控制比较合理，权益类产品比例约40%，市场涨跌不会影响自己的情绪；②坚持大额定投，市场每下跌10%，就手动加仓1万元，用大额定投来平摊投资成本、平滑市场风险；③比较有耐心，持仓基本在300天以上。

目前，市场也刚刚启动，您看要不要也开启一份大额定投，缩短回本的时间呢？

注意：要使用案例法，就需要我们做一个有心人，随手收集一些典型的案例。另外，案例必须真实，有图有真相、有理有据更能敲开客户的心门。

3.1.2 合作清单

人都是趋同的，很多人做决策会受到他人的影响，尤其是自己熟悉的人。

适用场景：在理财岗位已经深耕多年，手中有各种类型的客户，如宝妈、初入职场的小白、事业有成的小企业主、退休的叔叔/阿姨等，可以将这些客户的情况梳理成一个清单。

关键点：清单上列出来的客户对我们的评价是正面的。

举例说明：

××先生，您好。我很了解您的担忧，我本人在投资理财领域已深耕了数十年，服务了上千名客户，打理过的资产累计也超过亿元了，还维系了很多公司客户。我专门梳理了一个清单，您可以看看……

3.1.3 表扬信

如果有客户对你提供的服务和帮助非常感激，想通过一些方式来感谢你，那么你可以请其写一封信来表扬你。在信里要写出他对你们公司、产品或服务的积极看法。一封好的表扬信是我们撬动另一个客户的非常好的利器，如图 3-1 所示。

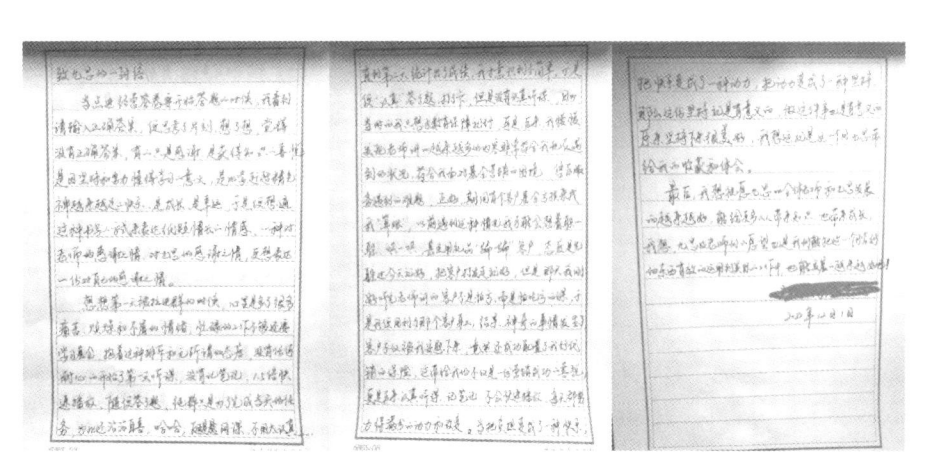

图 3-1　九思客户表扬信

表扬信的适用场景：可在会议营销、沙龙营销等场合展示表扬信，一封客户的表扬信可以极大地刺激其他客户的行动。

关键点：获得表扬信的方法有以下几种。

- 有奖征文。可以阶段性地在客户群做一些活动，比如在客户收益不错的时候，做一些有奖征文活动，鼓励客户主动创作。

- 私下沟通。获得一封表扬信最好的办法就是找一位关系好的，且对你提供的服务有感激之情的客户，尤其是一些老年客户，他们有成人之美也有感恩之心。有些客户字还写得不错，手写信更能唤起一些客户的共鸣。

举例说明：

××先生，我知道您对目前的市场环境、投资环境和我们推荐的产品还有一些担忧，这都很正常，因为我们在接触到陌生的事物时总会有一些担忧。但是我想把其他客户对我服务的一些评价，以及给我写的卡片、表扬信给您展示一下，看看能否增加您对我的信任，让您对我本人有一个更全面的认识……

注意：以前，都是我们给客户写信或者写卡片，很少有客户给我们写，但正因为写的人少，所以一旦利用好，它就是一把利器。可以把平时客户对我们的表扬、鼓励等，整理成信件或者卡片，这样一方面可以增强该客户对我们的认可，另一方面还可以拿这些素材展示给其他客户（试想一下，在开始谈合作的时候，拿出文件夹，把客户写给我们的表扬信一页页展示给对方，他会是一种什么感觉呢）。

"表扬信"还有"承诺与一致"的功效，客户给我们写了表扬信，其内心对我们也会更加认可，即使后续遇到一些问题，其内心也更偏向于支持、信任我们。

3.1.4 视频/照片

视频和照片主要用于记录一些客户对我们的认可以及客户看到满意投资收益的喜悦。这些视频或者照片，可以是微信对话框里的只言片语的截图，可以是活动现场的抓拍，也可以是对后期感人肺腑的话语的记录等，我们可以把它们制作成短视频或者照片集，进行可视化宣传。

适用场景：视频/照片适合在会议/沙龙等开始前播放。

关键点：利用可视化宣传，搭建信任跑道。

举例说明：

××先生，您好。在开始给您介绍这只产品之前，我想花1分钟给您展示一组照片/一个视频，这也是我对自己的服务要求，因为投资理财是为了让客户生活更美好，让客户笑口常开……

注意：这里也可以结合前面的"案例法""表扬信""合作清单"，把宣传可视化，从而提升我们在渠道中的影响力。

正如沃尔特·李普曼所说的"在人人想法都差不多的地方，没人会想得太多"，尤其是在信息大爆炸的时代，很多人都会根据别人的意见来行事。我们可以利用客户的从众心理，向他们展示"别人都选择了这只产品""别的客户都很信任我们"等，以便敲开客户心扉，让客户签单。

3.2　承诺与一致：一言既出，驷马难追

"承诺与一致"是指人人都有一种言行一致（并且能表现出言行一致）的愿望。一旦我们做出了某种选择，或选择了某种立场，我们就会立刻碰到来自内心和外部的压力，迫使我们按照承诺的那样去做。比如：很多银行在开年制定KPI的时候，都会让一些负责人把这一年拟达成的目标写下来，有的还会让员工领一张"军令状"，站在台前宣誓表态。这样会让参与者有某种压力：自己承诺的，必须想方设法去做到。

3.2.1　请教法

"请教法"顾名思义就是抱着请教的态度来赢得对方的信任。每个人都有

自己的想法，没有人喜欢被营销。当我们面对一个强势的客户，不知道如何破冰的时候，可以试一试"请教法"。

适用场景：适合点对点公关，尤其适用于一些"好为人师"的客户，或者一些强势的客户等。

关键点：虚构一个与该客户一样的人物形象，先接触、再突破。

举例说明：

（1）虚构一个与该客户一样的人物形象。

××先生，您好。我最近遇到了一些难题，想来想去只有您能给我一些建议。最近我们在推广××基金，遇到了一名客户，跟您特别像。您二位对资本市场和财富管理都很有研究，都属于儒雅、专业型客户（赞美也是取得信任的关键）。您知道，我们公司的品牌和产品在市场上都很有竞争力（做心理铺垫），但是我一直不知道怎么跟这样的客户打交道，您能不能抽空指导我几句，针对这种类型的客户，我该怎么做呢？（虚心请教）

（2）等待第二次面访机会。

在沟通信息发出去之后，可能有两种结果：一种是得到回复，另一种是得不到回复。如果得到回复，则很好办，过1周左右（一定要间隔几天，让对方感觉我们真的去尝试了），再跟该客户联系，感谢他的帮助，并表示他的办法果然奏效，想当面表示感谢（如果顺利约到见面并感谢了，那么恭喜你，你基本上已经成功了）。

如果得不到回复，那么过1周左右，再跟该客户联系，表示前面实在过于唐突，最近想明白了，想过来当面表示歉意（如果顺利约到见面，则也为后续合作铺平了路。如果没有搞定，则可能需要换别的方法）。

"请教法"之所以能奏效，是因为加强了被公关对象的"承诺与一致"，我们将他教的方法用在他身上，他会有压力。这种方法尤其适合用于开拓高净值客户。

3.2.2 调研法

"调研法"是指在开始某项行动之前，先做市场调研，再广泛收集目标客户的想法或建议。

适用场景：适用于对新渠道或新市场的开拓，因为调研法是很重要的吸引渠道注意力的手段。

关键点：调研内容、调研结果不重要，但调研形式很重要。

比如，你要去开拓某个新社区网点或者某对公企业、激活某微信群客户等，但是该渠道客户对你没有任何认知，那么该如何吸引他们的注意力呢？

（1）调查问卷标题一定不要直抒胸臆。

调查问卷标题可以设置为"新年家庭资产配置优化方案""基金亏损后，客户心态调研"等客户关注的热点，转移客户注意力，切不能太过于直接。

（2）调查问卷的卷首语设计很关键。

调查问卷的卷首语设计看似是无意识的，但其实它能够影响客户的判断。比如：我们是××机构，一直致力于提高客户投资满意度，过去两年因资本市场表现不尽如人意，让很多客户受到了投资账户亏损和情绪低落的双重伤害。为了缓解客户的投资焦虑、提高客户的投资安全感和获得感，我机构特设计了该调查问卷……

（3）被调研对象的想法是容易被影响的。

你想让被调研对象选什么、说什么，都可以做简单的设计。比如，你想听好话，就设计让被调研对象回答有什么收获；你想听抱怨，就设计让被调研对象回答有什么意见。另外，在设计开放式选项的时候，可以做一些引导，被调研对象很容易选择最前面的或者最后面的选项。

（4）最终的调研结果一定要整理出来。

要将调研结果整理出来并发给被调研对象，因为这是他们一起参与完成的。

"调研法"是很容易影响客户认知的。这几年有很多基金公司都在发布白皮书，如《基金投顾白皮书》《基金收益白皮书》《个人养老金投资白皮书》等，其实这些白皮书的发布都是对"调研法"的运用。还可以使用"话术创作""征稿比赛""短视频大赛""产品筛选""积分方案设计"等方法强化对客户的影响，让客户觉得是自己主动做出了决策。

3.2.3 签名法

"签名法"是指当客户初步达成某项投资意向后，因担心客户反悔，而在交流完成之后让客户签名的方法。

比如，跟客户已经谈得很好了，但是客户最后说要回去跟家人商量一下，要再想一想。这时候，我们就可以借助"签名法"来保障后续的成功。

××先生，没问题，投资需要慎重，只有投资前想透彻，投资后才踏实。只是目前银行对我们有一些工作考核，看重我们的工作过程，需要跟踪我们每天到底跟多少名客户做过交流，您知道现在金融机构都很"卷"。我对我们刚才交流的细节做了一个简单的整理，请您帮我签个名，表示我今天真的跟您做过沟通……

注意：签名的时候，一定不要让客户有压力。在沟通的时候，只需要告知客户之所以要客户签名是因为银行对自己工作细节有要求，与他最终是否购买没有关系。如果与客户进行的是微信或者电话交流，则可以把沟通细节给客户做一个确认，让客户简单回复"是"或者"否"。

一般而言，当客户签了名之后就会产生一种无形的压力，说了回去跟家人商量，还签了名，就得有一个反馈；同时，因为客户签了名，也给我们跟客户再次交流创造了机会。

3.2.4 宣讲法

"宣讲法"是适合在小型沙龙、微信群做分享的时候使用的方法，可以鼓励客户主动做一些分享。

（1）正面引导。

活动的最后，可以让自己比较熟悉的客户讲一讲自己后续的做法，从而吸引更多客户进行宣讲。

（2）鼓励讲出来。

当有客户开始分享后，可以鼓励其他客户继续分享，也可以在活动最后留一点儿时间，让大家写下自己的投资目标和具体操作。

（3）做好记录。

对于客户手写的投资目标或操作计划，要做好记录，后续需要持续跟进。

举例说明：

各位客户朋友，我们今天的活动就要接近尾声了，经常有人说"听了很多道理，却依旧做不好投资，过不好自己这一生"。的确，很多时候都是听时"热血沸腾"，后续"没有行动"。我们今天就在现场/在微信群里留一些时间，大家一起认真地想想，新的一年，我们的投资目标是什么？今天听了这场分享，我们后续准备怎么做呢？这份计划是写给自己的一份宣言、一份行动指南、一份投资纪律手册……我们也期待写好的朋友能跟大家做一个分享。

注意："宣讲法"也利用了"承诺与一致"原则，让客户进行自我施压。

3.2.5 集体行动

"集体行动"可增强仪式感，让参与方能更容易融入活动。可以在活动开始之前或者结束之后采用集体宣誓、按手印、签名、喊口号等方式，强化参与方对目标、任务的认同。

适用场景：客户活动、沙龙活动、会销现场等。

关键点：用整齐划一的行为融化自我个性。如果有可能，可以统一着装，在每场活动中设置标准的"统一行动"：喊口号、集体签名等。

比如，你将要组织一场大型客户活动，担心活动结束后没有什么效果，于是可以做以下一些设计。

（1）统一着装、暗号或者标识。

有条件的，可以统一参会者的着装，或者令他们统一佩戴某个标识，让参会者意识到自己此刻已成为某个组织的一员。

（2）在会议中间或者结束时设置标准的动作。

可以集体喊一句公司的口号或者进行集体签名/拍照等，号召大家一起行动。

作为普通投资者，要做好投资，需要"做好仓位管理、情绪控制、资产配置"等。在活动的最后，我想跟大家一起再读一遍大师的语录——股神巴菲特说："要想在股市长期赚大钱，不需要天才般的超高智商，也不需要神人般的非凡商业洞察力，更不需要内幕消息，只需要两个条件：一是正确地思考，二是控制情绪，避免不良情绪破坏思考。"理性投资从××开始，专业理财选××！谢谢大家！

注意："集体行动"也是一种强大的自我暗示，尤其适合封闭式培训或者闭门会议，通过统一着装、统一口号、统一行动或者设置一些团队游戏等，可以增强个人对集体的认同感。因此，对于客户活动的组织，一定要做好相关设计。

小结："承诺与一致"主要是让客户产生"言行必须一致"的压力，即自己的承诺必须努力去做到。大家可以试一试我们讲的"请教法""调研法""签名法""宣讲法"和"集体行动法"等。

3.3 互惠的力量：先给予，再索取

互惠，说起来很简单，就是因为你之前帮了我，所以我现在要帮你，核心是"先给予，再索取"。例如，超市里面经常有水果试吃，但吃多了会不好意思，因此试吃完多少都会买一点儿。很多客户对我们的营销无感，主要是因为之前我们没有进行"情感账户"投入，让客户觉得跟我们的关系就是纯粹的"销售关系"，而不是"朋友关系"，没有情感纽带，彼此的信任感就不够强烈。

"先投入，再索取"，就是让客户感觉到我们是"可信赖的"，跟我们合作是"有安全感的"，而我们本身是"靠谱的"。在经营"情感账户"时，我们可以从下面4个方面出发。

3.3.1 有同理心

同理心是设身处地理解对方，能换位思考，让对方觉得你懂他。

举例说明：

最近市场行情不是很好，前段时间有个证券公司经纪人到我办公室来推销他们的服务，我问："你自己炒股吗？买基金吗？"

他一本正经地对我说："我们公司有规定，不允许从业人员炒股。我自己参加工作也没有多久，所以没有买基金。"

我说："你不炒股、不买基金，那么你怎么知道我赚钱后的兴奋和亏钱后的沮丧呢？"

他有点儿语塞了……

显然，这是一次失败的沟通。在沟通的时候，如果没有同理心，则会导致后面的交流处于一种对抗的气氛之中。

同样地，我们在向客户推荐产品的时候，也要了解客户现在处于一个什么样的状态。如果客户之前亏了，现在元气大伤，那么我们要做的就是先对他们进行情绪抚慰，再协助解决他们的问题，然后推荐产品。

举例说明：

××老师/老总，您好，您的心情我能理解，坚持投资1年多了，账户不仅没有赚到钱，还亏损了，不管是谁都受不了。而且您还是第一次投资，就遇上这种行情，内心的冲击肯定更大。

其实，投资跟咱们买房子、开店差不多，一般买房子得先付首付，再按揭，等1~2年才能拿到房子，如果要交易过户还要等3~5年；经营一个商铺，也得先盘一个铺面，请人工，耐心等1~2年才能慢慢把人气养起来；哪怕是种

小麦，也得经历播种、生长、收割等几个环节。（生活化举例）

所以我们投资基金一定不要太心急，不要想着"一买就马上赚钱"。市场如天气，是有周期的。我们最好的做法是"止盈不止损""低点建仓，高点止盈"。现在市场处于低位，您要是认同我的投资理念和我对市场的判断，可以关注我给您推荐的这只基金……

3.3.2 让客户期待你的出现

很多理财经理非常害怕跟客户联系，觉得每次跟客户联系都是为了推销产品，时间长了，客户就"免疫"了，自己心理上的优势也荡然无存。

我建议，时刻做一个让客户"期待"的人，让他们期待接到我们的电话、期待我们的拜访、期待跟我们交流、期待我们推荐的产品。

仔细想一想：我们的出现是否能让客户欣喜，是否能切实解决客户的问题，是否有一些新的认知能激发客户思想的火花呢？

这里有以下几点建议。

- 在上门拜访客户前，要做好充足的准备，若客户为女士，则可以在包里随时放一些可送客户的香水小样、茶叶小样等；若客户为男士，则可以带一点儿小礼物，开口之前先送客户小礼品，让客户有一些惊喜感，也便于客户听我们聊下去。

- 交流的时候也要做好准备，对市场、产品、配置有自己深刻的认知，从而让客户觉得我们是专业的，而不仅仅只会做关系营销。

- 做一个让别人期待的人，还需要做好细节管理，能敏锐地发现客户的需求。很多时候，可能只是对方一句不经意的话，你放心上了，然后落实了，就能感动对方。

举例说明：

××老师，您好。看您朋友圈，孩子马上要读初中了，我特地给孩子准备了一个小礼物……/看您朋友圈，目前正在家里健身，我特地托朋友给您准备了一个很实用的……/听说您正在寻找好的教育资源，刚好我有一个朋友……

注意：在开口前先关注客户需求，再提我们的诉求，随手准备一些小礼物送客户会有奇效。

3.3.3 勇于认错

每个人都会犯错，但犯了错要勇敢承认。比如政策传导错了、市场判断错了、之前服务没有提示到位等，错了就是错了，不要为自己掩饰。

举例说明：客户抱怨基金业绩差，之前没有得到我们的及时沟通。

××老师，实在抱歉，没有及时跟您沟通并不是我忘了，而是我一直在等市场好转，等着基金表现好一点儿，这样跟您沟通的时候，您心情也能好一点儿。实在没有想到，市场调整时间比较长，这只基金的短期表现不够好，所以我想后续建立一个定期沟通机制。您平时工作也很忙，我每个星期会把基金净值和表现发到您微信上。另外，如果在3个月之后，该基金的表现还是不尽如人意，我就再跟银行沟通，看看是否要给您做一些调仓。

本次的确是我的工作疏忽，我也跟银行申请了，后续银行的春节客户答谢活动开启，我优先通知您；同时，如果您对基金投资比较感兴趣，那么后续我们举办投资策略报告会，我也会给您留一个名额。

当然，投资也无须过于关注产品的短期表现。基金业协会统计数据显示，过去15年，权益类基金的平均年化收益率为15%，但平均年化收益率高并不表示每时每刻都是赚钱的，中间会有波动。如果您不急着用这笔钱，那么可以多持有一段时间。

如果确实是自己工作疏忽，就勇敢承认，不要为了一个借口而去寻找更多借口。勇于认错的前提是"真诚"，要勇敢面对自己的失误，而不是"套路"客户，更不是对客户进行"情感勒索"。

3.3.4 积极处理问题，不能逃避

我们在给客户推荐产品时会遇到各种问题，有时是产品亏损，有时是公司领导层变动，有时是前面的同事留下了一些烂摊子。我们在处理这些问题的时候，千万不能"事不关己高高挂起"，也不要用"我不知道"等消极的口头禅回应，而应该用一些更正面、更积极的词汇去响应，如"我想想办法""我去试试"等。

举例说明：客户质疑产品有亏损，但我们对她不理不问。

××老师，您好。这款产品出现了亏损，我内心是非常痛苦和纠结的。当初您信任我，信任基金公司，投资了这款产品。现在这款产品出现了亏损，我也一直在想办法，看如何能减少您投资的焦虑和亏损。

那段时间，我跟基金公司沟通了不下 10 次，对基金经理的季报做了深入研究，跟我行资深理财经理也做了深入沟通，得出的结论是：这款产品虽然回撤很大，但后续还是有机会的。也是基于此，我一直没有主动建议您做一些操作。

今天跟您交流，主要是想让您知道，面对亏损的账户，我们没有逃避，一直把您的资金安全放在第一位，也一直在努力寻找机会看如何降低您的投资焦虑。出于理性的角度，我还是想跟您说以下几点。

（1）我们目前最现实的问题就是账面暂时浮亏，只要不赎回，那么亏损就只是数字，这属于正常波动，而不是永久性亏损，请您放心，我们的钱还在，不会丢。

（2）其实，权益类基金过往的收益都是非常可观的，拉长周期去看，近15年的平均收益率是12%～16%，比咱们投资理财产品和存定期的收益率都要高，所以，定投长期基金是一定可以赚钱的。

（3）如果您还是比较担心，那么在接下来的时间里，我们会以半个月一次或者一个月一次的频率跟您汇报这款产品的情况，您放心，我们会一直陪着您。

人心都是肉长的，要走进客户心里，就需要提前在客户心里存入一些"情感"，经营好我们的"情感账户"，在后续遇到困难时候，客户才会理解我们，跟我们一起渡过难关。

3.4 登门槛效应：从小要求开始，循序渐进

我女儿小的时候，在外公家经常要看动画片。为了不让她看动画片，外公家的电视机整天都不打开。那她是怎么做的呢？每天一到晚上7点钟，她就说："外公，7点了，我帮你把电视机打开让你看新闻联播。"（我岳父是新闻工作者，每天晚上7点都有看新闻联播的习惯）然后，到了7点半，新闻联播放完了，她就说："到我看了。"于是外公面带笑容给她调到了动画频道。

这件小事儿其实反映了我们营销中的"登门槛效应"。登门槛效应是由美国社会心理学家弗里德曼与弗雷瑟于1966年做的现场实验"无压力的屈从——登门槛技术"中提出的。

登门槛效应是指一个人一旦接受了他人的一个微不足道的要求，那么为了避免认知上的不协调，或想给他人以前后一致的印象，就有可能接受更高的要求。这种现象，犹如登门槛一样，要一级一级台阶地往上登，才能更容易、更顺利地登上高处。

3.4.1 从低风险的产品开始

先给买理财产品的客户推荐低风险基金，如货币基金、短债基金；等客户有了一定认知的时候，再给其推荐"固收+"产品，可以让客户直接买"固收+"产品，也可以构建组合，比如"行内理财产品+绩优权益产品"；当客户构建的组合有了一定的超额收益（跟以前的单一理财产品相比）后，可以顺势放大权益类产品的比例。

举例说明：

××老师，您好。其实目前基金种类是非常多的，不仅有权益类产品，还有货币基金、同业存单基金、债券基金等。今年我们银行主推的是"优化账户配置"，而且现在货币基金收益率比较低，所以我们想把您货币基金里的钱向同业存单基金、短债基金上做一些转化，让您感受一下基金的魅力。

3.4.2 从最简单的投资方式入手

让客户从最简单的投资方式入手，比如开始是"轻定投"（每个月投 300元）——3~6个月之后升级成"智能定投"（每个月投 1000 元，按照估值或者均线来调整扣款额）——3~6个月之后升级成"组合定投"（每个月投 5000元）——3~6个月之后升级成"大额定投"（每个月投 1 万元以上）等。

举例说明：

××老师，您好。市场波动的确比较大，您之前也没有接触过基金，所以在给您推荐产品的时候，我们非常慎重。目前给您介绍的是比较稳妥的、大多数投资者都采取的投资方式——基金定投。每个月只需要投 300 元，相当于每天 10 元，您先感受一下。如果坚持定投 6 个月，感觉还不错，那么我们再给您推荐其他更适合的投资方式。

3.4.3 用零钱撬动客户的心——每赚一分钱都是惊喜

当一份投资需要客户额外掏钱的时候,他们往往就会有一些压力。但是如果这份投资只是帮他进行零钱再利用呢?那么对客户而言,收获的每一分钱就都是惊喜,开启这份投资的难度也不会太大。

举例说明:

陈老师,不要小看零钱的力量,我们耳熟能详的"咖啡效应"就显示了零钱的力量。如果每天花35元买一杯咖啡,以一个月30天计算,那么每个月就要花费1050元,一年就要花12,600元。假如把喝咖啡的资金省下来做投资,以30年计算,再假设每年的投资回报率为5%,那么30年后,总回报便有88万元。

前几天,我在家里收拾房间,发现我们家有很多零钱:坐地铁找零的硬币、出去旅游剩下的外币、放在各个衣服兜里应急的钱、买菜找零的钱等,把这些零钱都集中起来,竟然也装满了一个小饼干盒。

如果您担心基金亏损,那么我真心建议您也把家里的零钱做一下整理,用零钱来开启一份投资,即使真的亏了,您也不太心疼。但是如果赚了,则每一分钱都是惊喜。

3.4.4 让客户用省下的钱做投资——惊喜加倍

理财就是理生活。在客户行动之前,我们可以先协助他梳理一下家庭财富状况,如果能帮客户利用省下的钱做投资,也就是用本来应该花掉的钱做投资,那就是一举两得了。

举例说明:

××老师,我跟您讲一个真实的案例。

2020年春节前夕，我们一家三口订了去新加坡旅游的机票和酒店，因为突如其来的一场新冠疫情，旅行计划泡汤了，机票和酒店被全额退款，节省下来2.5万元。情人节的时候，老婆想买一个包，我告诉她因为新冠疫情的影响，家里需要开源节流。老婆就说："不是刚省下来2.5万元吗？"我一想也对，反正是省下来的钱，就欣然同意用这笔钱买包了。

我发现您之前每年都要出国旅游，这几年因为新冠疫情一直没出去，相当于每年都会节省一笔旅游经费。我真心建议您可以把这些省下来的钱做一下理财规划。等以后有机会再拿账户里的钱出去旅游，这不是一举两得吗？您看是否需要我帮您梳理一下呢？

另外，之前您在我们银行申请的贷款都是享受了费率优惠的，这些省下的钱，如果没有做一些合理安排，则没有赚到的感觉。所以，我建议您用这笔省下的贷款优惠做一些投资，即使亏了，也不会太心疼，但是如果赚了，那就会惊喜加倍。

3.4.5 协助客户用"赚的钱"投资——盈上加盈

客户都怕亏损，可如果这些钱本来就是赚的呢？如果本来就是在银行通过理财获取的超额收益呢？用"赚的钱"进行理财，亏了，本金无恙；赚了，盈上加盈。

举例说明：

××先生，您好。您3个月前在我行购买的××理财产品，我行已经帮您赚了5万元。目前我们针对VIP客户进行服务升级，帮助客户通过收益来理财，让您在确保本金的同时，还能获得更高的收益，您什么时候有空，我给您详细介绍一下。

这里要注意以下几点。

- 客户很保守，怕亏。那就只给客户配置5万元的权益类产品（在沟通时，要强调这 5 万元是银行帮他赚到的），哪怕后面亏了，客户的原始本金也是没有任何亏损的。

- 客户有一定的风险认知，但是害怕市场会深跌。我们假设市场再向下跌 30%（可能性极小），那么客户至少可以配置 16 万元权益类产品。16 万元亏掉 30%也就是 4.8 万元，也只是把之前的盈利部分回吐了，依旧没有实质性亏损。

- 如果客户的抗风险能力还可以，觉得市场最多下跌 10%，那么客户至少可以配置 50 万元权益类产品。50 万元亏掉 10%，刚好是 5 万元，也只是把之前的盈利回吐了。

小结：除了上面的方法，很多银行/券商的新客专项理财、模拟炒基、体验金等，其实也都是对"登门槛效应"的运用，比较容易让客户开始尝试。人在面临一些没有压力的小要求时，往往不会太排斥。只要客户接受了我们的小要求，后面再循序渐进、一步步升级其投资账户就比较容易了。

3.5 因为稀缺，所以值得拥有

2022 年，基金行业流行"橱窗基金"，指的是一些业绩特别好、特购条件严苛的基金产品，单日单户限购一般在 100 元、50 元，有的甚至在 10 元以下。这些基金产品好像展示在橱窗里的商品，有吸引力但数量有限，想买又买不到，因为稀缺所以受到了很多人的关注。当然，所谓的"限购"有的是为了保护持有者的利益，有的则单纯是为了"饥饿营销"，人为制造稀缺感，吸引投资者的注意。

这也是人性的特点：失去某一物品的恐惧似乎要比获得同一物品的渴望更能激发人们的行动力。将这一特点映射到投资领域，也就是我们常说的"损失厌恶"。

稀缺主要有以下几种常见的表现方式。

3.5.1 数量/额度有限

数量/额度有限的情况有以下两种。

（1）某种商品供不应求，不见得随时都有。

比如：年底银行推荐的大额存单、金饰品等。

××银行保本结构性存款发行提示，发行时间为××，收益率区间为××，期限为××，产品规模为全国 60 亿元，额度有限，先到先得！

（2）人为制造稀缺感，限制买入。

限额 30 亿元，正在发售中。××精选混合基金，拟任基金经理××，管理时间超 1 年，产品近 1 年收益率为××，代表作××，机会难得，详询……（基金有风险，投资需谨慎）

3.5.2 最后期限

跟"数量/额度有限"对应的是"最后期限"策略，也就是对客户最后下单的时间做出规定。一些水平比较高的理财经理会熟练利用此法给犹豫的客户一些压力，这可能会激发一些本来没有多大兴趣的客户的购买想法。

举例说明：

××老师，您好。今天是××产品的最后一天认购，满 80 亿元就会按比例配售了，您一定要在下午 3 点之前买入，不然后续就买不了了。购买途径××。

注意以下两点。

（1）在使用"数量/额度有限"和"最后期限"方法的时候，一定要开门见山，利用该噱头吸引客户。

（2）这也提示我们，在营销的时候，一定要抓住产品额度即将售罄、销售日期即将截止的时机。

3.5.3 限制条件

限制条件是指某项产品或服务只针对一部分人开放，客户必须具备特定条件才有资格购买或使用。

举例说明：

不是每个人都能收到这条短信！我们只给金融资产在我行达到 50 万元的/之前买过××基金的/之前投资基金赚过钱的/之前投资基金亏过钱的客户发送，为感谢您的关注，在××节来临之际，特给您推荐一款××产品，每人限购××万元，购买时间为收到短信后的三天之内。

注意：要强调"不是每个人都能购买"。

3.5.4 制造紧迫感

前面我们说了，失去某一物品的恐惧似乎比获得同一物品的渴望更能激发人们的行动力，所以在鼓励客户行动的时候，还可以利用"对比、倒计时、份额已被抢走多少、仅剩多少"等来制造紧迫感，比如以下话术。

- ××财富节，优选定投基金，费率 1 折起，申购费率从 1.5%锐减到 0.15%，时间有限，仅限××天。

- ××产品认购最后 3 天，限额为 100 亿元，目前额度仅剩 10 亿元，末日比例配售。

- ××数据播报：××产品再传捷报，今日××客户单笔认购超 1000 万元，最后 2 天认购，有需要的客户抓紧联系我。

注意：可用"仅剩……""又卖出……""还剩……"等话术来制造紧迫感。

3.5.5 强调唯一性

有时候经常使用稀缺性方法，反而会让客户有一种"狼来了"的感觉。比如从 2018 年开始，不断地推出爆款基金，到后面"爆款"对投资者的边际效应是递减的。为了让"稀缺性"真实有效，我们还需要从不同角度去佐证基金的"唯一性"。

在基金销售过程中，我们可以强调"市场投资性价比""投资窗口""市场环境""政策扶持"等。

举例说明：

××老师，您好，××理财老师十年磨一剑/监管部门很多年没有公开表态/××信号很多年没有出现了/……

3.5.6 利用逆反性

投资是反人性的，在别人谈"稀缺"的时候，我们要谈"理性"。

举例说明：

××老师，您好。爆款基金年年有，但是买爆款基金赚到钱的投资者很少，原因是很多爆款基金都是在基金经理成名后或者市场赚钱效应已经起来了，人们才追涨杀跌的。而我给您推荐的虽然不是爆款基金，但是属于经典款基金，可以随时随地进行操作，而且投资金额不大，长期赚钱效应更明显。您什么时候有空，我给您做一个详细的介绍。

小结：在激发客户行动、打消客户疑虑的时候，大家可以多多关注稀缺性方法的使用，从数量/额度有限、最后期限、限制条件、制造紧迫感、强调唯一性和利用逆反性等技巧上进行话术设计。

3.6　占便宜：客户要的不是"便宜"，而是"占便宜"

前段时间，我们办公区多了一圈儿摆摊的。我趁午休的时候过去转了转，看见一个卖夜灯的，于是问老板："夜灯多少钱一个？"

老板说："198元，打6.8折，差不多135元。"

我脱口而出："100元卖不卖？"

老板说："不行，最低130元。"

正当我准备掏钱买时老板娘走过来了，说："不好意思，价格标错了，原价应该是128元，打6.8折，88元卖给你。"

这时候，我却犹豫了。

回头想一想我的心理变化，我对这个夜灯的真实价值是多少并没有认知，只是路过，想给女儿买一个礼物，所以随口讲了讲价，老板没有让价，我也觉得价格能接受，可以购买。但是老板娘出现后，让我有一种被骗了的感觉。我其实不在乎它卖多少钱，我要的就是"占便宜"的感觉。

再想一想，很多客户找我们要礼品，他真的需要礼品吗？一袋米、一桶油、一包卫生纸……客户真的缺吗？不缺，他们就是想"占便宜"，想拥有一种心理优越感。明白这一点，再跟客户沟通就容易了。

"占便宜"心理是指人们为争取利益和好处的心理倾向,一种不花什么成本就能得到一些好处为什么不争取的心理,得到的这些好处会让客户在心理上得到满足,从而有一种愉悦感。在实际工作中,有以下一些常用的方法可以激发客户的"占便宜"心理,让客户自发地走向我们。

3.6.1 给个理由

给银行里的每一次促销活动找一个"为什么"的理由,能让客户感觉到"独占",有一种心理优越感。

举例说明:

① ××老师,您好。我刚刚休完产假回来/刚刚更换了一个网点,这段时间业绩压力也比较大,一直没有开单。感谢您今天的信任和支持,我专门给您准备了一个小礼物,祝您心想事成、投资赚大钱。

② ××老师,您是知道的,为了每年的"开门红",我们的指标压力都很大。银行也往往会在这时候拿出一些资源来吸引客户,这次给您推荐的××理财/××保险/××基金都是经过我们银行层层筛选的,也只给一些老客户定向推荐。

③ ××老师,感谢您过去对我的支持,让我在银行里站稳了脚,在理财经理岗位收获了一份又一份信任。所以在新年到来之际,特为您推荐"优化家庭资产配置""免费家庭账户体检"活动。

3.6.2 算清楚账

在具体交流的过程中,不要用太抽象的"便宜""赚钱"等词汇,可以用数字进行更加具象化的表述,这一点我们在前面介绍数字表达时也做过讲解。

举例说明：

① ××老师，您知道 3 个月的绝对收益率为 10%是什么概念吗？那就是，3 个月用 100 万元能赚到 10 万元，还是税后的。如果折合成年化收益，1 年税后收益约为 40 万元，税前收益差不多是 70 万元。目前 70 万元差不多是一个国企总经理一年的基本工资。您还不需要像总经理那么操劳，"躺着"就能跟他赚一样的年薪，而这仅仅是因为在我们这里买了××基金。如果您没有 100 万元，投资 10 万元也可以啊。

② ××老师，您算一算，购买个人养老金账户里面的养老基金 Y 份额，管理费、托管费都是打 5 折的，相当于每年能节省 0.55%，10 年就节省了 5.5%，那么 100 万元的手续费就省了 5.5 万元。您反正也要投养老基金，那么利用养老金账户买 Y 份额肯定是更划算的……（在表述的时候，要眼神坚定地看着客户，语速放慢，是的，你的客户已经开始在脑海里想象做总经理的感觉了，他大概率是会买的。）

3.6.3　看得见的实惠

如果真的有一些活动，那就给客户提供实实在在的优惠。现在信息越来越透明，只有看得见的实惠才能赢得客户的信任。

举例说明：

① ××老师，您好。目前我行开通个人养老金账户送红包的活动还在继续，另外，只需要往资金账户中充值 0.1 元，就还有额外的红包赠送……

② ××老师，您好。正值岁末年初，我们银行也在进行客户回馈活动，只要在我行的金融资产达到××万元，就有机会领取××一份。另外，目前认购××基金，金融资产可进行双倍计算……（基金有风险，投资需谨慎）

3.6.4 想得到的好处

有时候如果没有看得见的实惠，那就想方设法提供一些额外的附加价值，让客户想得到某些好处。

举例说明：

××老师，今年为了提高客户投资满意度，我们专门组建了基金交流群，只要您购买了我们的××产品××万元，我就拉您入群。群里会提供很多实用的基金知识和财经新闻，在市场变化大的时候，我们也会邀请金融"大咖"进行市场解读。当然，入群后，您还可以认识更多志同道合的朋友。只是，为了保证交流群的质量，需要基金持有金额至少在××万元以上……

3.6.5 额外好处

有时候为了加强客户的"占便宜"心理，还可以用"除了……还有……额外……"等句型。

举例说明：

××老师，您真的捡到大便宜了！现在产品销售状态比较低迷，我们银行拿出来很多资源，除了您看到的这些好处，还有一些隐藏的福利，如银行卡积分，您可以去兑换电影票、咖啡券等，还可以参加我们的新春客户活动，本次还有神秘"大咖"讲解新年投资策略。

小结：很多时候，客户要的不是"便宜"，而是一种"占便宜"的心理。所以在沟通的时候，"给个理由"让客户有独占的优越感，"账算清楚""看得见的实惠"让客户感到切切实实占了便宜，"想得到的好处"和"额外好处"能激发客户想象，加强自我"赚到了""占了便宜"的心理优越感。

3.7 喜好效应：人以群分，物以类聚

这几年，基金营销方式发生了很多变化，比如很多理财经理拥有定投团、基金经理人设打造、私域流量等，本质都是想把一些志同道合的人"圈"起来，先建好"鱼塘"，再开展营销工作，也就是我们常说的"人以群分，物以类聚"。人们总是很容易答应自己认识和喜欢的人提出的要求，这就是我们常说的"喜好效应"。所以在产品营销中，我们也要抓住客户的喜好，让客户更容易接受我们推荐的产品或者服务。

3.7.1 投其所好，精准营销

做营销，需要我们"灵活应对"，不要一开口就去教育客户，而要先投其所好，让客户感觉到我们懂他们，我们和他们属于同一个频道。

举例说明：

① 客户很担心亏损，我们不要一开始就试图去修正客户的认知，而应先认同客户的担心，再给客户分析复杂的市场。

××老师，在对待不确定性的未来和之前没有接触过的产品时，我们都是有些紧张和担忧的，因为钱都不是大风刮来的，所以投资一定要慎重。基于此，我建议您"用赚来的钱做投资"，这样可确保原始本金无忧，只是用盈利部分做投资。

② 客户对基金公司/基金产品不信任，觉得投资都是骗人的。同样，不要一开始就试图去扭转客户的思想，而应先认同客户。

××老师，这几年基金产品表现不是很好，让很多投资者都很受伤，我本

人也是。所以现在我选产品坚决不追明星经理、不追爆款基金、不跟风，而是根据自己的实际情况来，保证自己处在一种"闲心、闲时、闲钱"的三闲状态，从自我出发来适应外界的不确定性。今天给您做的这份家庭资产配置计划书，也是基于您目前的整体配置来设计的，您看需不需要我给您详细介绍一下……

3.7.2 熟人搭桥，顺理成章

成熟的基金客户身边往往也有很多成熟的基金客户朋友，我们在拓展客户的时候，可以让老客户给我们引荐，这比自己开发新客户的效果要好得多。所以我们要对一些老客户提要求，尤其是在一些客户感觉良好的时候，比如以下情况。

① 当客户表现出最大热情的时候。

② 当客户在我们的建议下刚刚下单购买了某只爆款基金产品的时候。

③ 当客户在我们的建议下赎回某只基金产品并成功盈利的时候。

④ 当客户对我们说"谢谢"的时候。

⑤ 当客户感觉良好的时候。

以上这些时刻，客户一般都会很愿意答应我们提出的要求，转介绍的成功率也会比较高。

举例说明：

××老师，真心地恭喜您，这次盈利很丰厚。我知道您身边的很多朋友也对投资很感兴趣，我也一直想找机会多拓展一下自己的客户群，您看是否合适把一些跟您关系比较好的、也有投资兴趣的朋友给我介绍一下呢？

3.7.3 意见领袖，引导需求

自己组建一些社群，成为某个组织的意见领袖；或者平时做一些知识营销，组建自己的投资交流圈，后续在开展营销的时候会更便利。

河南新乡某银行的理财经理就给我讲过，虽然他的网点资源很一般，但是基金卖得特别好，主要是因为他组建了好几个基金群，在当地形成了一个口碑效应。每次只要他在群里推荐产品，就会有很多客户跟进。

3.7.4 赞美客户，加速信任

"良言一句三冬暖"，一句好听的话往往能让客户产生很强的心理优越感。当客户虚荣心被架起来的时候，你再给他推荐产品，他就会不好意思拒绝。

举例说明：

××老师，您是我见过最理性、最懂投资的客户了。您刚才问我的"过往投资收益率、产品未来投资方向、买 A 类还是 C 类"等问题，让我觉得您对基金的研究是非常深入的。所以我不敢给您胡乱推荐产品，这只基金也是我觉得您肯定会感兴趣才推荐给您的，您要不要看一看？

3.7.5 寻找相似性

成为客户的"自己人"，才能快速与客户建立信任。想要迅速敲开客户心扉，就一定要能马上找到我们与客户的相似性，如同校、同年龄、同学历、同爱好等。

举例说明：

××老师，我跟您年龄差不多，目前都处于上有老下有小的人生阶段。去年家里乱成一锅粥,老人生病、孩子没人管、爱人还要去医院拍 CT。现在缓过劲了,我才想起来要给家里老人、爱人、孩子都做一些规划和储备,手上有些钱,遇到急事才不慌。今天给您推荐的 A 产品很适合给孩子做教育金,可以储备一些 B 产品给老人花,还可以再买一些 C 产品,因为 C 产品保持流动性,能够应付家里的急用。您看要不要今天配置一些?

3.7.6 制造共同的"敌人"

当我们和客户成为销售关系的时候是很容易形成对立的,所以要想成为客户的朋友,可以制造一个与客户共同的"敌人",比如投资中的亏损、踩雷,让客户觉得我们和他是"自己人"。

3.7.7 制造情感共鸣

除了寻找相似性、制造共同的"敌人",还可以制造情感共鸣,让自己成为客户心中的知己,让客户觉得我们真的懂他。

举例说明:

① 针对刚刚毕业的大学生。

读书的时候,爸妈给的生活费都存进了货币基金,一年下来基金盈利能给自己多买一件衣服;现在工作了,我想用赚的钱买一点儿××理财,一年后赚的钱能给父母买些补品/送父母出去旅游……

② 针对在外地安家的客户。

虽然有了"小家",但心里总是惦记"老家"。虽然工资都交给了老婆,但心里还是很牵挂爸妈的。所以,跟老婆商量了,年底拿了年终奖,到××银行买一点儿××理财,明年将本金留在"小家",收益给"老家"爸妈买些吃的、喝的……

小结：一定要记住"喜好"的威力，人们总是很容易答应自己认识和喜欢的人提出的要求，在给客户推荐产品时可以使用我们讲的"投其所好、熟人搭桥、意见领袖、赞美客户、寻找相似性、制造共同的'敌人'和制造情感共鸣"这些方法。

3.8 "手段—目标—关键核心"：关注终极目标

每当市场持续下跌时，很多理财经理就不知道该如何给客户推荐产品了，口口声声说着财富管理、专业制胜，但到最后就像靠天吃饭一样：市场涨，客户主动买，销售就好做；市场跌，客户不买，费尽九牛二虎之力也难成交几单。

为什么会这样呢？这主要跟我们常用的营销话术和方式有关系。

大多数理财经理在推荐基金时会先跟客户强调赚钱。比如在 A 股大盘 3300 点以下成立基金赚钱的概率是多大，在 3000 点以下成立基金赚钱的概率是多大……目前股债性价比是多少，国家又出了什么利好政策……

当客户坚持不下去的时候，又说投资是反人性的，需要拿时间换空间；还会拿出一些图表做演示，告知客户为什么会亏损，是因为在市场火爆的时候买得太多，要赚钱就得在低点布局。但是，问题在于，你一年四季都在推荐客户购买。市场好，你要客户赶紧进场；市场不好，你也要客户赶紧进场。

这种营销话术的主要问题在于：没有搞清楚"手段—目标—关键核心"。把"赚钱"当成了"目标"，把"不停地买"当成了"关键核心"，这就会导致客户所有的注意力都在赚钱上，而过分关注"买卖行为"。

我们来重新梳理一下。

- 手段——我们要购买的产品或服务。

- 目标——我们未来要达成的某个目标。

- 关键核心——产品要解决什么问题，需要跟我们的终极目标关联。

所以：

每一笔投资都是用来给想要的梦想投票的，我们要长期持有。

不要让你的储蓄跟不上孩子的梦想，所以我们要投××基金。

熟练运用"手段—目标—关键核心"，最重要的是找到投资的终极目标。

美国圣克拉拉大学列维商学院 Glenn Klimek 金融学教授，行为金融学创始人、开拓者迈尔·斯塔特曼认为，我们购买的所有的产品或者服务，无外乎渴望达成三种类型的目标：功利性、情感性和表达性目标。我们为什么投资基金呢？也无外乎渴望达到这三种诉求。

（1）功利性目标：投××基金，到底能赚到多少钱？

可使用我们常用的一些话术，这里就不举例了。

（2）情感性目标：这份投资到底是为了承载什么样的情感？

在市场震荡不已，功利性收益不容易被满足的时候，我们需要关注"情感性收益"，把投资目标从"赚钱"转到"对人的关注"上。

举例说明：

① ××老师，您好。其实这几年我的基金账户回撤也比较大，但是我内心比较淡定，同时也在不断地增加定投的比例，为什么呢？因为在每笔投资的背后我都设定了不同的投资目标，有的是为了"女儿读书"，有的是为了"退休保障"，有的是为了"让爱人有安全感"，有的是为了"给父母提供旅游经费"。

我也建议您把投资目标设置成跟我们的亲人挂钩的，这样更能长期持有，在面对市场波动时，我们也会更淡定。

② ××老师，现在世界充满太多不确性，今天我们能赚钱，却不知道未来如何，因此未雨绸缪是很有必要的。就说我自己吧，我除了给女儿买了一笔年金保险，还每个月给她做了 2500 元的定投。最近市场下跌，我又追加了一笔"每月 1 号扣款 610 元"的定投组合（寓意"六一"儿童节，强调这是给女儿做的定投），心里想着要一直坚持到女儿读大学为止。我看您的孩子跟我女儿差不多大，您要不要也开一户进行定投呢？

③ ××老师，自从我们有了"小家"之后，回老家的时间就越来越少了，但是我每年还是会带着父母出去旅游。我买了不少封闭期为 2 年的产品，想着在产品到期后，能有额外的收益带父母出去转一转。我看阿姨和叔叔也在老家，还是要多带老年人出去转一转。我们银行现在这款产品的封闭期为 1 年，可以用产品收益给阿姨和叔叔安排一次旅行，您看要不要买一些？

④ ××老师，这几年随着年龄的增长，我才逐渐意识到"不能给别人添麻烦"，我也不想以后老了给女儿添麻烦，所以在我们还能赚钱时多一些储备也是好的。同时我也在想，如果能学习一些基金、股票知识，那么等老了以后也有事可做。所以我给老婆说，我有一个账户买了基金，你不要管它亏了还是赚了，但是这个账户要一直留着，一直保持跟市场的关联。您要是也有类似的想法，可以到我这里开一个基金账户，以后我们还能多交流。

（3）表达性目标：投资是认知的变现，你的行为代表了你的认知。

举例说明：

① ××老师，我知道您非常专业，对资本市场也很有研究，而且有自己独立的判断。现在市场行情的确不是很稳定，热点切换也非常快，您之前看好的××板块，现在也出现了深度调整。今天跟您交流就是看看您现在的观点有没有改变，是继续坚定加仓之前看好的板块，还是要做一些均衡配置呢？

② ××老师，我知道您是非常理性的，投资也是我们认知的变现，但这次投资出现了亏损，我们需要及时亡羊补牢，没有必要自怨自艾。我们想跟您一起重新梳理投资逻辑，反正投资是一辈子的事情，不需要过于关注一城一隅的得失……

小结："手段—目标—关键核心"也是一种强大的说服力武器，在理解客户心理、打消客户疑虑时，我们需要帮客户重设目标、优化手段、强调关键核心。在市场不好的时候，跟客户沟通时应把客户的关注点从"赚钱"向"情感""自我表达"上转化，这样更能安抚客户的焦虑情绪，也能让客户更好地管住手。

3.9 推敲可能性模型：关注客户决策路径

在实际的培训经历中，我经常会遇到以下两个问题。

（1）每次跟客户聊基金定投，都是唾沫横飞、自信满满，不仅有画图展示，还有数据佐证，费了九牛二虎之力，终于成交，但我却陷入了迷惑之中：做了一户300元的定投，足足花了30分钟，但中间业务收入（简称中收）只有1.8元（按照0.6%的手续费计算），这样的工作性价比太低了。

（2）为了让客户一次性购买大额基金，既上门拜访，又请客户喝茶，各种行动都做到位了，还给客户拍了胸脯"这么多年的感情了，相信我，包在我身上"，但客户就是不下单，于是迷茫了：客户怎么关键时候都不讲感情呢？

之所以会出现这样的问题，其实是因为没有弄清楚客户的决策路径。根据推敲可能性模型（Elaboration Likelihood Model，ELM），改变客户决策的路径有以下两条。

（1）中央路径：利用逻辑、推理和深入思考来说服别人。需要利用大量事实、数据、表格、论据、研究、论文、报告和历史档案进行佐证，并把它们融入我们的宣传材料中。

（2）外围路径：利用愉快的想法、积极的形象或者"暗示"所产生的联想来说服别人。言语中充满感性的色彩，幽默或者受人欢迎的主题、倡议等。

对于一些金额小、客户关心度低（不怎么感兴趣或者不在乎）的产品，我们需要用"外围路径"；而对于一些金额大、客户关心度高（比较感兴趣或者很在乎）的产品，我们需要用"中央路径"。换言之，对于小金额定投，可以用情感、联想促成；而对于大笔买入，则需要数据佐证、理性分析。可是现实情况是，很多理财经理往往容易混淆大小金额的成交方法。

3.9.1 利用外围路径说服客户的常用技巧

外围路径的核心是激发客户的自我想象，追求"短时间内成交"，激发客户的"非理性情绪"，使用时有以下技巧。

（1）承诺某个利益点。

××老师，您要是害怕市场波动/不想择时/资金不够/平时时间比较少，那就选基金定投，每个月只需要投资300元，就可以轻松理财，今天就把定投账户开了吧？

（2）小入口，轻松投。

××老师，每天10元，相当于少抽一盒烟/少喝一口酒/少喝一杯奶茶，时间长了，小钱变大钱。要不，趁今天，我们把定投账户开了吧？

（3）更多人的选择。

××老师，您要知道，我们银行80%的理财客户都开了定投账户，这么多人都开了，您担心什么呢？

（4）与目标客户对话。

××老师，孩子的考试结束了，但您的考试才刚开始。我是真心建议您在孩子读书的时候，给他开一户基金定投，每个月就投500元，可作为孩子毕业后的启动资金。

（5）加入热点、流行词汇，吸引注意力。

一场新冠疫情让我们明白了生活的本质，我们急需增强自身免疫力。"有闲"多锻炼，有钱多定投。趁现在我行筛选了一批重点定投基金，您有空一定要过来看看。

（6）加入情感元素。

父母基本都记得孩子的生日，可是你记得父母的生日吗？建议您到我们银行，为父母生日开启一份基金定投，金额可以是父母年龄的10倍，为爱定投，回报父母恩情。

当然还可以利用"促销""喜好"等方式快速让客户下单。如果这些方式不行，客户还是比较纠结具体的基金定投原理等，则可以常备一些标准的销售模板，在营销的时候作为辅助工具，有效地提高我们的销售效率；或者把有意向的客户都聚集到一个微信群中，定期/批量维护并灌输基础知识，然后点对点利用上述方式进行激发。

3.9.2　利用中央路径说服客户应注意"动力与能力"

当面对金额大或者客户关心度高的产品时，客户会更多地启动"理性思考"，认真评估自己的投资意愿和投资能力，这时需要我们借助一些数据、权威资料、公式、图表等来说服客户。

小结：要走进客户心里，除了要明白客户在想什么，还得了解客户的决策路径。

3.10 重复的力量：展示，展示，再展示

之前在一家银行做网点辅导项目，发现优秀的理财经理都是"敢于开口，大胆给客户提要求"的，而销售结果不理想的理财经理往往会陷入"自以为"的怪圈，比如：

- 你以为市场会下跌，所以不敢给客户推荐产品。

- 你以为客户可能很讨厌收到广告，所以不敢给客户发信息。

- 你以为客户可能不会接受你的建议，所以不敢拨通客户的电话。

- 你以为客户很有钱，应该有很多人为他服务，所以迟迟不敢约他谈一谈。

- 你以为大家现在都没有赚到钱，所以也就心安理得地得过且过。

……

所以这部分内容，我们不讲话术，而是讲心法。在实际销售过程中，不要陷入"自以为"的怪圈，要相信重复的力量，展示，展示，再展示；坚持说、坚持发，时间长了，客户就会买了。

3.10.1 每个人都有自己的固有认知

因为在金融圈工作的时间比较长了，所以我身边有私募、信托、公募、券商等各种类型的朋友，每次交流，我都会发现一个很有趣的现象：做私募的朋

友对公募没有任何兴趣，觉得私募更加灵活和靠谱；做公募的朋友觉得信托、三方财富迟早要"暴雷"，坚决不能碰；信托/三方财富又觉得股票、基金风险太大；券商则觉得投资还是选股票来钱快。

成年人对世界的认知都有一些"先入为主"，这是自我意识的一种折射。而且在一个圈子待得越久，这样的意识就越强烈。当看到一些股权项目"暴雷"或者信托产品延期兑付时，公募/券商朋友就会说："我早就说过这类产品不能碰。"当基金亏损/股票跌停时，一些银行的理财经理或信托、财富管理公司的从业人员就会说："理财还是稳健点儿好，股票/基金坚决不能碰。"

3.10.2 最大的阻力在于"我以为、我觉得"

一位信托公司的朋友跟我交流，她觉得买基金/炒股的朋友都看不上信托产品，而且她觉得她所在的集团是民营的，一些机构客户和大资金客户肯定看不上她推荐的产品。

我给她建议：不要你觉得、你以为怎么样，你要先勇敢地去拨通一个电话，勇敢地约客户见一面再说。

一位银行的朋友跟我交流，说现在客户对基金很排斥。当你带着漫不经心的情绪试着跟客户沟通的时候，你会发现无法说服客户，于是你会强化这种意识："我早就说过了，客户是不会接受的，你也看见了我的客户真的很排斥风险……"

这其实不是客户排斥，而是一开始你就带着"我认为、我觉得"的态度开启了自我保护机制，导致将客户也排斥在外了。

一位券商朋友跟我说："现在券商经纪业务很难做。因为交易佣金太低，加上现有客户又不交易，即使交易，产生的佣金也很可怜。"

我问他："有没有试着推一推基金？或者系统有没有分配一些客户呢？"

他说："我觉得炒股的客户肯定是看不上基金的。按照公司的考核标准，除非找到做高频交易的私募或者是大客户，否则做小客户很没意思，很难完成考核。"

我又问："按照这个逻辑，目前生态和格局已经形成，大客户和做高频交易的私募早就被其他从业人员挖走了，那么新入职的理财经理怎么办呢？"

我觉得新人最大的优势就是没有任何心理负担，应该把公司分配的一些含金量不高的客户进行再次激活。同时要勇敢地去跟能接触到的客户、朋友、机构等进行交流和沟通，不要陷入"我以为、我觉得"的误区。

3.10.3　放下"我以为、我觉得"

我刚到基金公司工作的时候，给我分配的区域里就有几个银行不卖基金，因此一到发行新基金时我就害怕。但是，因为当时只管一个区域，卖不出去也得卖。所以我放下"我以为、我觉得"的想法，决定先试一试再说。为了确定新发重点，我在某个银行行长办公室门口连续等了 3 天；为了确定一个首发方案，我一大早就出现在某客户家楼下，等着其吃早餐的时候敲定；为了见到一个关键人物，我提着 59 元一箱的牛奶，在对方小区里面等啊等，一直等到晚上 10 点。

现在想想，自己的很多做法都不够成熟、不够理性，甚至有些鲁莽。怎么好意思在别人吃早餐的时候缠着人家呢？怎么好意思给别人送 59 元一箱的牛奶呢？可是正是因为当时身上有这股"牛气"，有这股不达目标不罢休的干劲，打动了对方，所以才完成一项项艰巨的任务。

有些做销售的朋友，一开始很有干劲，很能放下自我。但做到后面，升职了，经验丰富了，就拉不下脸、放不下架子了，总把"我以为，我觉得"挂在嘴边，习惯了规划而疏于行动，后来迷失在了时光里。

还有一些做销售的朋友很低调，努力做到八面玲珑，很在乎别人对自己的看法，渴望把事情做得圆满，但做到后面也做不动了。没有争议就没有认知度，没有认知度就是平庸的销售，只能迷失在别人的评价中。

我们要知道，只要某个人或者某个事物不断地在自己眼前出现，我们就更有机会喜欢上这个人或者这个事物。只要我们长期跟客户联系，不管下雨还是天晴，也不管市场涨还是跌，时间长了，日子久了，客户如果有需求，就会第一时间想到我们。也就是我们常说的：你恰巧需要，而我恰好专业。所以这一系列的话术，我真心希望大家学以致用，展示，展示，再展示，直到客户明确拒绝为止。

第 4 章

先迎合再说教，绝对成交的异议处理话术

4.1 "换框"技巧，切换沟通场景

4.2 善用心理账户，重构客户认知

4.3 重设锚点，引导客户思维

4.4 假设推理，化解客户的"事后诸葛亮"

4.5 降维打击，破除客户"过度自信"

4.6 重新定义，动摇客户的固有认知

4.7 时空切换，解决客户的"近视焦虑"

4.8 目标转移，协助客户长期持有

4.9 隔离法，"大麻烦"只是"小问题"

4.10 以退为进，鼓励行动

【案例】

我们常说"营销需要迎合，投资需要说教"，但是在金融营销领域，往往需要我们"先迎合，再说教"。"迎合"的目的是卸下客户心中的防备，搭建信任的通道。而"说教"是向客户传递我们对市场的认知和对投资的理解，这才是真正能体现我们价值的地方。

所以在面对客户异议时，我们不能一味地满足、迎合，而是要巧妙地引导客户。这一章我们就展开讲一讲处理客户异议的话术。

4.1 "换框"技巧，切换沟通场景

在解决客户异议方面，大家最头疼的问题就是"客户亏了，来网点投诉"或者"客户亏了，天天问我们该怎么办"。用传统的长期投资、静待花开等话术似乎都无法抚平客户那颗焦虑而浮躁的心。这时候我们就可以利用"换框"技巧来重新界定问题，找到解决方案。

4.1.1 什么是"换框"

《庄子·齐物论》里讲了一个"朝三暮四"的故事。战国时期，宋国有位老人，家里养了很多只猴子，面临着口粮不足问题，他想用一些坚果给猴子充饥，于是就对猴子说："今后你们每天饭后再吃一些坚果，每天早上吃三粒，晚上吃四粒，这样够不够？"猴子先听到了一个"三"，于是大怒，觉得老人给得太少。于是老人换了一种说法："既然你们嫌我给得少，那就改成每天早上四粒，晚上三粒，这样总够了吧？"猴子先听到了"四"，觉得很多，就不断给老人磕头。

这里"朝三暮四"的故事揭示的其实就是"框架效应"。框架效应是由

卡尼曼和特沃斯基在 1981 年首次提出的，是指人们对一个客观结果上相同的问题的不同描述产生了不同的决策判断。

4.1.2 如何回应客户亏损

很多理财经理经常面临的问题是：客户亏了怎么办？下面我们把"客户亏了"进行简单的"替换"。

1. 客户亏了——客户没有赚到钱

这里把"客户亏了"换成"客户没有赚到钱"，即把客户的问题界定在"赚钱"上。

举例说明：

××老师，要赚钱，先得有投入。比如开个餐馆，得先租铺面、请工人、打广告；再慢慢养人气；最后，还得坚持，做出口碑。其实投资基金也是一样的，要赚钱需要有一些耐心，花点儿时间。不管是在市场低点买还是高点买，只要持有到下一个低点或高点，收益就都是非常可观的，相关数据如表 4-1 和表 4-2 所示。

表 4-1　从低点买入并持有到下一个低点的收益率

开始时间	结束时间	历时（年）	上证涨幅	基金涨幅	复利收益率
2005/6/3	2008/10/31	3.41	70.6%	160.1%	32.32%
2008/10/31	2013/6/28	4.66	14.5%	60.6%	10.71%
2013/6/28	2018/12/28	5.50	26.0%	48.8%	7.49%
2018/12/28	2024/2/5	5.11	8.4%	38.6%	6.60%

数据来源：Choice，截至 2024 年 6 月 20 日，基金以 Choice 编制的偏股混合型基金指数作为代表。

表 4-2　从高点买入并持有到下一个高点的收益率

开始时间	结束时间	历时（年）	上证涨幅	基金涨幅	复利收益率
2007/10/16	2015/6/12	7.66	−15.2%	77.7%	7.80%
2015/6/12	2021/2/19	5.70	−28.5%	42.3%	6.39%

数据来源：Choice，截至 2024 年 6 月 20 日，基金以 Choice 编制的偏股混合型基金指数作为代表。

2. 客户亏了——客户感觉亏了

这里我们可以把"客户亏了"换成"客户感觉亏了"，把客户的问题界定在"感觉"上，即只要基金没有被赎回，很多时候"亏损"就只是客户的一种"主观感觉"。

××老师，面对市场调整，我们要分清楚"真假风险"，区分"感知风险"与"真实风险"。我们常说高风险、高回报，低风险、低回报。其实风险和回报不一定成正比。成功的投资就是需要承担那些已经暴露的、大家都能感受到的、有相对风险折价但是实际危险性却很小的"假风险"。

我们常说的风险有两种，一种是感知风险，另一种是真实风险。去年××板块暴涨，估值接连攀升，真实风险在上升，但是我们的感知风险却在下降；今年××板块不断下跌，估值也处于历史低位，真实风险其实不大，只是我们的感知风险在上升。所以我们有以下建议。

- 若空仓或者仓位比较低，则可以逐渐加仓。

- 若仓位比较高，则可以坚持做定投或者进行调仓，让持仓更均衡。

3. 客户亏了——客户现在亏了

我们还可以把"客户亏了"换成"客户现在亏了"，即将问题界定在"时间点"上。之前我协助银行处理过一个投诉，一个客户买一只二级债基，一个月亏了10%，1000万元本金只剩下900万元了，客户来投诉，怎么办呢？

我们做的第一步，就是先把客户过去几年的投资都列出来，看看她过去几年的收益到底怎么样，结果发现客户最初的本金是600万元，2021年年底上涨到了1000万元，今年回撤到了900万元。

初始本金是600万元，现在是900万元，请问是赚了还是亏了呢？显然是赚了，客户只是觉得"现在亏了"，但是投资是一个关于概率的游戏，不能保证每次都对，只要赚钱的概率比亏钱的概率大就行了。

当然，你还可以把"客户亏了"换成"客户买的××基金亏了"，将问题界定在"××基金"上，这时就可以对基金进行诊断了；还可以把"客户亏了"换成"客户买基金亏了"，将问题界定在"投资行为"上，这时就可以引入行为偏差了。

在使用"换框"技巧的时候，关键是要重新界定问题，把客户关注的问题放在另一个场景里去解决，这样客户视野和原有的问题就会得到拓展，我们也能寻找到新的解决问题的途径。

4.2 善用心理账户，重构客户认知

假设你要去买一辆车，到了一家4S店发现这辆车卖20万元。恰巧你朋友告诉你，在离你目前的位置大概5千米处，还有一家4S店，同样的车，那边卖19.99万元，比你这边的4S店便宜100元。你会舍近求远去另外一家4S店购买吗？同样地，如果你要买一套书，到了一家书店，这套书卖200元。但在离你大概5千米的位置，还有一家书店，同样的书只卖100元。你会舍近求远去另一家书店购买吗？

大部分人不会因为 100 元，舍近求远去另一个 4S 店买车；但大部分人都会因为 100 元，舍近求远去买书。这就是我们说的"心理账户"，在不同场景中，我们对金钱有不一样的态度，人在内心中会不自觉地对金钱进行分类。

不管是在前端进行基金营销，还是在后端处理投诉，都要善于利用客户的心理账户。

4.2.1 心理账户在基金营销中的运用

在跟客户沟通时，可以从不同的维度把投资划分为不同场景。

1. "钱的用途"的维度

××老师，您好。对于您关心的如何投资的问题，我们有一个建议，即从"钱的用途"入手，把您的投资分成以下 4 份。

- 活钱：即短期（3~6 个月）内要用的钱，如家庭开支、旅游经费等，可以配置一些货币性、低风险产品。

- 稳健的钱：1~2 年后才需要用到的钱，可以配置一些定期存款、债券基金等。

- 长期投资的钱：3 年左右才用得到的钱，可以配置一些权益类基金、股票等。

- 退休保障的钱：准备退休以后才用的钱，可以配置一些养老保险、养老 FOF 基金等。这里要提示一下，这些产品虽然比较稳健，但是也不是保本的。

您看是否需要今天给您办理一下？

2. "投资目标"的维度

××老师,您好。对于您关心的如何投资的问题,我们建议从"投资目标"入手。如果您想强制储蓄,我们推荐您做基金定投;如果您想跑赢通货膨胀,我们建议您做一些股债搭配;如果您想赚更多钱,我们建议您关注一些主题、权益类产品。您看是否需要今天给您办理一下?

3. "钱背后的受益人"的维度

××老师,您好。对于您现在的人生阶段,我们建议您从"钱背后的受益人"的维度来做一些设计。比如:您可以为孩子设置"教育定投",每一笔投资都关乎孩子的未来;为父母设置"养老定投",每一笔投资都是"陪伴";为爱人设置"爱情定投",每一笔投资都用于构建幸福港湾。您看是否需要今天给您办理一下?

4. "仓位管理"的维度

××老师,您好。因为您是非常理性的投资者,所以我们建议您把投资按底仓、定投仓、配置仓和现金仓4个维度进行区隔。

比如,底仓,我们可以按照20%的比例配置一些平衡类或者固定持有期产品,在市场大涨的时候,有仓位参与;在市场大跌的时候,不至于伤筋动骨。定投仓,按照10%的比例进行配置,当市场大跌的时候,仍然坚持买入,从而不至于让情绪有太大的波动。这个定投的仓位主要是对投资习惯的塑造和对自我情绪的修复。配置仓,按照40%的比例进行配置,主要是配置一些绩优产品。对于这部分配置,可以每3个月做一次"体检",进行一下同类基金对比。如果业绩明显排在后面的1/3处,那就再换一只基金。现金仓,一定要留一些现金/固收仓位,可以让您始终保有两份资本;一份是情绪资本,敢于逆向操作;另一份是财务资本,保证有随时补仓和加仓的钱。

您看是否需要今天给您办理一下?

4.2.2 心理账户在售后投诉中的运用

很多客户能接受权益类产品一年波动超过 10%，却不能接受债基或者理财产品的波动接近 10%，这本质上也是受到了心理账户的影响。所以在处理客户对债基/理财产品/固收+产品的亏损时，可以利用以下方法来缓解客户的情绪。

比如，债基亏了，很多人给出的建议是不动，因为现在赎回是不划算的。但是除了不动，我们还可以"进攻"。对于债基亏损后的处理，最优的选择不是"防守"，而是"进攻"。

××老师，我看了一下您的账户，其实亏损占比还是很小的。您之所以会恐慌，是因为心理账户在作怪。因为您觉得连银行的理财产品、低风险的债基都亏了，那还有什么产品可以买呢？

净值化是一个趋势，产品波动是无可避免的，其实我现在建议您选择弹性更大、风险收益率更高的产品，这样市场只要稍微反弹，您回本的时间就会大大缩短。

4.2.3 心理账户在客户维护方面的运用

心理账户的作用有很多，它不仅可以协助我们重构客户认知，在客户犹豫不决的时候，助推客户做决策；还可以在客户因面对产品亏损而难受的时候，抚平客户的焦虑情绪，让客户处于"认知一致"的状态，以及提醒客户做好家庭资产管理和及时止盈。

1. 鼓励客户做好强制储蓄

××老师，您有没有这样的感觉：平时也不乱花钱，但是却存不下钱。这是因为我们许多人往往都会在"大金额购物"时比较谨慎，但是对于"小金额开销"觉得无所谓。其实很多时候投资就是一种"滴水穿石"的行为，就像现在流行的"奶茶效应"一样。很多人每周都要喝一杯奶茶，更有甚者每天都要喝一杯。如果我们把这笔钱省下来，少买一杯就能省大约15元，1个月就能省下450元，1年就能省下5400元，10年就能省下5.4万元。我们银行现在推广的基金定投的作用就是协助我们把一些不起眼的钱利用起来做投资，时间长了，也能感受到投资的喜悦。

您看，要不要今天给您开一个基金定投的账户呢？

2. 客户只愿意购买定期存款或者低风险产品

××老师，您好。我知道您平时很注重强制储蓄，在我们银行也有不少存款。但是，我想跟您说，如果把钱全部放在存款里，可能不是理想的家庭资产配置方式。为什么要做投资？主要就是为了应对未来所需，而未来我们面临的最大风险就是"通货膨胀"。所以我们要未雨绸缪，切勿临渴掘井。当我们把所有的钱都放在低风险产品之中时，保本固然安心，但跑不跑得赢通货膨胀也是我们需要考虑的问题。心安了，钱多了吗？

要不然今天我给您的家庭资产配置做一个详细的规划？

3. 赚了钱就放大风险敞口

××老师，您好。我看了您去年的账户，的确赚了一些钱。但是，赚了钱要及时落袋为安，切不可因为钱是赚来的，就在投资方面比较随意，而不注意风险控制。我们要珍惜手里的每一笔钱，也要慎重对待每一分钱的来去，这样才能更好地让理财服务于生活。

您什么时候有空，我再与您聊一聊新年的投资计划？

注意：心理账户被广泛使用在投资营销、异议处理和客户服务等方面，大家可灵活使用。

4.3 重设锚点，引导客户思维

我们先来看一个简单的选择题：如果你用 100 万元做投资，下面哪种情况你最不能接受？

A. 亏了 10%。

B. 赚了 5%。

C. 亏了 5%。

毋庸置疑，你和我一样都会选 A：亏了 10%。

下面题目不变，我们在选项前面加一个假设条件，各选项变为以下内容。

A. 周围朋友都亏了 20% 以上，你只亏了 10%。

B. 周围朋友都赚了 30% 以上，你只赚了 5%。

C. 周围朋友都赚了 15% 以上，你却亏了 5%。

你猜大部分客户的选择结果是什么？如图 4-1 所示。

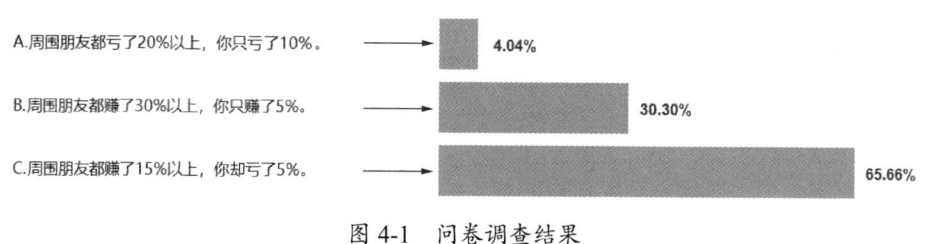

A.周围朋友都亏了20%以上，你只亏了10%。　4.04%
B.周围朋友都赚了30%以上，你只赚了5%。　30.30%
C.周围朋友都赚了15%以上，你却亏了5%。　65.66%

图 4-1　问卷调查结果

结果是 65.66% 的客户选择了 C。

为什么自己的盈亏没有变化，仅仅是周围朋友的盈亏发生了变化，自己的选择就大相径庭了呢？这其实是受到了"锚定效应"的影响，即我们在进行决策的时候，会倾向于把对将来的估计和过去的一些事情联系起来，或者与周围人的一些选择联系起来。

所以我们在解决客户异议的时候，要预设一些"锚点"来影响客户的判断，引导客户的思维。

4.3.1 弱市下如何引导客户投资

比如，每个月定投到底该扣多少钱呢？有人说丰俭由人，有人说每个月500元，有人说每年拿家庭资产的5%做定投，还有人说用月工资的10%进行定投。其实这些都可以，因为定投金额本来就没有一个标准。但是，很多时候，客户需要我们给出一个标准。一定要记住：客户很多时候都不知道自己要什么，除非我们斩钉截铁地告诉他们。

1. 跟房贷或车贷挂钩

适用人群：有房或有车族。把定投金额跟家庭大额支出绑定，这样在支出的同时也在强制投资，客户内心会平和很多，也更能坚持。

举例说明：

××老师，我有个小小的建议，您每个月的定投扣款额可以跟房贷挂钩，这样您会觉得有一笔支出的同时还有一笔投资。如果每个月还贷金额占家庭月收入的1/4以下，则定投金额与还贷金额的比例可以设置为1∶1；若每个月还贷金额占家庭月收入的1/4~1/3，则定投金额可以设置为还贷金额的1/3；若每个月还贷金额占家庭月收入的1/3~1/2，则定投金额可以设置为还贷金额的1/6；若每个月还贷金额占家庭月收入的1/2以上，则定投金额可以设置为还贷金额的1/10，这样更能对我们的投资做一个量化。

2. 跟社保/保费/房租挂钩

××老师，我理解您的担心，害怕定投不能坚持，总觉得每个月的定投是一笔固定支出。其实定投扣款原理跟社保是一样的，都是先强制性扣一笔资金，为未来做储备，只是定投灵活性更高。我建议您将扣款金额设置为跟每个月的社保金额一样，扣款时间就定在发工资的第二天，这样就会感觉自己进行了双份储备。

如果客户不仅有社保，还有期缴保险，那么话术也是一样的：建议分别做几份定投，一份定投扣款金额跟社保金额一样，一份定投扣款金额跟期缴保险一样。但是期缴保险是年缴的，定投是可以月缴的。这种方式尤其适合给小孩购买了教育年金或者给家人配置了养老年金的家庭。

4.3.2 客户跟风买基金但不能接受亏损怎么办

客户跟风买基金但不能接受亏损的问题核心在于客户"害怕吃亏"，而这往往有以下几个原因。

（1）看到别人没有亏钱，而自己亏了，有点儿不平衡。

（2）看到别的产品赚钱了，但自己持有的产品却亏损了，不愿意接受。

（3）觉得当初是"被营销的"，现在回想，感觉自己上当受骗了。

【解决方案】重新设计"对比锚定"，协助客户认知一致。

××老师，我非常理解您的心情，我本人也亏了不少，我们很多客户的亏损比您的还多（重设"对比锚定"）。这段时间，我也一直在反思（转折）：假如当初我们没有跟风购买这只基金，那么我们很可能会认为自己对市场有非常强的敏感度，进而在市场下跌的时候认为机会来了，大幅买入，而此后如果市场反复震荡，则很可能会让我们亏损得更多。

您感觉目前好像是"高位站岗""吃亏了",其实不是。我有好几个客户在2015年亏损不少,但是在2019年、2020年都扭亏为盈了。他们的感受就是,如果没有经历2015年的重挫,那么2019年、2020年的震荡市场他们就无法把握住。有时候看似"吃亏",其实也是让我们对资本市场更有敬畏感,在以后投入更多本金的时候,收益也能更多。

投资看起来很简单,真正做好却很难。很多朋友觉得投资基金也很简单,就是低买高卖。但是市场的变化、周围人的噪声往往让我们分不清什么时候是"低",什么时候是"高",也会让我们丧失判断力。只有多经历几次市场的"洗礼",我们才能在投资市场更加游刃有余。

最后,我想跟您说,投资是追求大概率的成功。有时候必须接受一些亏损,但是亏损之后不能陷在亏损的情绪之中,而是应该汲取教训、总结经验,争取下次投资打一个翻身仗。

重设"对比锚定"是重新给客户设立一个对比的标准,能让客户从自己原有的思维中跳出来,从而改变自我思维。

4.4 假设推理,化解客户的"事后诸葛亮"

在现实生活或者网络中,我们经常会看到或听到有人对一件已经发生的事情进行评论,常用话术有"我早就说过""我就知道会这样"等,这其实就是我们常说的"事后诸葛亮"的典型思维模式。

在金融投资领域,我们经常会遇到以下客户异议。

- 我当初就不想买你们这只基金,都是你们不停地强推,结果呢?

- 当初我就想赎回,你们偏不让,你看现在,亏了吧?

- 我本来是要买理财的,你们偏要给我推荐基金,我就知道会亏损,你们说怎么办?

……

当遇到这些异议的时候,我们要知道很多人的记忆都是带了滤镜的。要破除客户的异议,最好的方式就是"假设推理",具体如下。

4.4.1 化解客户质疑"随便买一只开放式基金的收益也比这只持有期基金的收益高"

当客户质疑"随便买一只开放式基金的收益也比这只持有期基金的收益高"时,可以像下面这样进行化解。

××老师,是的,几年前的市场是牛市,的确随便买一只开放式基金的收益都可能不错。但问题在于:您敢不敢买?敢买多少?买了之后您能持有多久?您看我朋友的持仓,2019年,买了两只牛基××双擎升级和××天惠,但是只敢买1万元和0.5万元,而且在赚了一点儿之后就如惊弓之鸟,赶紧止盈。相比之下,这只持有期的基金虽然3年下来收益率不高,但是他敢多买一些,时间拿得长一些,最终到手的实际收益也会高一点儿。

个人投资应该关注的是实际收益,而不是收益率,实际收益=本金×收益率。您觉得随便买一只开放式基金的收益也比这只持有期基金的收益高,我们试着回想一下当初为什么选这只基金。因为在当时的环境下,我们不敢多投入本金。这只持有期基金虽然表现一般,但是您投入的本金多,几年下来,到手的实际收益还是很可观的!

4.4.2 化解客户质疑"持有期基金太不灵活,没办法及时止盈"

当客户质疑"持有期基金太不灵活,没办法及时止盈"时,可以像下面这样进行化解。

××老师，这是持有期基金的特点，即中途无法操作。投资的确需要"低吸高抛"，且及时止盈也很关键。但问题在于：止盈后，您还买吗？您会加大仓位购买吗？这时候市场回调了怎么办呢？

您看我朋友的操作，本来买的××经济新动力赚了一些，后面加大投入了5倍本金，结果遭遇市场回调，最终6万元，赚了不到500元。另外，他在2021—2022年间进行波段操作，账户亏损惨重。很多朋友之所以亏钱，往往是因为用小资金尝到了甜头，后面加大比例投入，遭遇亏损。还有很多朋友因为不断追热点而损失惨重。

我们做投资一定要了解：凡事都是一把"双刃剑"，止盈可以帮我们保住阶段性的胜利果实，也可能会让我们下一次投资遭遇更大的亏损。

4.4.3 化解客户所认为的"持有期体验太差"问题

当客户觉得"持有期体验太差"时，可以像下面这样进行化解。

××老师，投资基金是要关注"持有期体验"，但是，应该有个先后顺序，要先关注"最终实际收益"，再考虑"持有期体验"。如果最终获得的收益不错，中途过程就不要担心，投资基金的大部分时间都是在等待；如果最终收益不行，再去关注"持有期体验"。

小结：投资是一场买定离手的游戏，需要我们愿赌服输。可是，现实中，很多客户常常不甘心，觉得"如果当初……，现在就不会……"这是因为客户陷入了一种"事后诸葛亮"的思维模式。下次再遇到客户有这些疑问，我们要学会用"假设推理"，即"假设他真的这样做了，结果会如何"这种理性的分析来破除客户的"事后诸葛亮"问题。

4.5 降维打击，破除客户"过度自信"

每次市场一好转，基金之间的分化就非常严重，不少客户就会坐不住，质疑为什么我们推荐的基金表现这么差，以后再也不相信我们了。这其实是客户陷入了"过度自信"。

我们在处理这类异议的时候，需要引导客户对投资抱有一种敬畏，要站在高位，利用降维打击的方法去破除客户的"过度自信"。

4.5.1 如何回应"客户总想调仓"

当客户总想调仓时，我们可以做以下回应。

××老师，其实我很理解您目前的想法，因为我之前也喜欢折腾，很想动不动就调仓。下面我把我的一些心路历程给您做一个分享。

为什么我总喜欢折腾呢？我从自己很多次操作的经历中做了以下总结。

（1）不服气，不相信自己的判断是错的，于是想再试一次。

当我们反复地用错误的逻辑去对抗不可捉摸的市场、反复调仓时，会导致反复犯错、反复被套。当时脑海里有没有浮现出一个额头不停冒汗的赌徒在赌场不停输又不停说"再来""再来一次"的景象？赌徒很可能输红了眼。但作为旁观者，我们都知道，此时最好的方式就是"歇一歇"，出去吹吹风，让自己清醒一下，或者及时收手止损。

对于投资也是如此。当我们前面的操作已经出错，并且失去判断力的时候，不要盲目反复折腾，尤其是在市场热点切换很快的时候；也不要随意调仓、补仓、加仓或止损等，这样只会让我们反复为情绪买单。此时的正确做法是冷静下来，再等一等。

（2）觉得自己运气不会这么差。

很多朋友喜欢拿一些历史数据来强化自我认知，佐证自我投资逻辑是正确的。历史的确都押着相同的韵脚，但是历史每次也都会按照不同的方式演绎。当把一切问题抽象化的时候，我们会把一切归于"时也，命也"，犹如项羽自刎于乌江时的感叹："此天亡我！"

（3）总觉得希望在别处。

人们总觉得希望在别处，就如在路上开车，我们总觉得自己这条车道拥堵，想变换到另外的车道上，不停地换，最后发现其实都差不多。很多客户也是这样的，总觉得自己持有的这只产品不行，认为其他人可能有更好的策略，而不愿意相信市场的随机性。

目前，市场热点切换很快，很多之前跌得比较深的板块现在都在超跌反弹，如果我们此时进行盲目调仓，则很可能会高位站岗。我真心建议您再耐心等一等。

4.5.2　如何回应"到处都可以买基金，为什么一定要到银行或券商买"

当客户觉得"到处都可以买基金，为什么一定要到银行或券商买"时，我们可以做以下回应。

××老师，我很理解您的这种想法，有很多客户之前跟您的想法一样，但后面都吃了一些亏，现在又来我们这里投资基金。

您试想一下：如果您是一名医学生，没有经过规培实操，只是看过一本《如何做开颅手术》的书，那么请问您会有勇气站到手术台上给病人做脑科手术吗？我想这肯定是天方夜谭。可是，我们为什么会因为看了几本理财书或是读了几篇"10万+"的自媒体文章，就觉得自己可以做好投资，并冒进地上场操作呢？

对于人人都能收到的消息，人人都能了解的内容，难道人人读完之后购买基金就都能赚钱吗？就像去逛商场，想买一件 1000 元的衣服要纠结好久，不停地比价、试穿、选款等，思考很久才舍得下单。可为什么对于投资就可以随随便便投入几万元甚至几十万元？

互联网平台的确让我们的投资更便捷，但同时也让我们的操作更随意。我们作为专业投顾，能在一些关键时点给您一些合适的建议，您要不要再认真考虑一下？

4.5.3　如何回应"买基金不如炒股"

当客户觉得"买基金不如炒股"时，我们可以做以下回应。

××老师，我很相信您的投资水平，但同时也要提醒您避免陷入"过度自信"的误区。目前市场有很多机构参与者，他们获取信息的广度、分析信息的深度等都比我们一般散户有优势。我身边也有一些朋友，认为自己的水平比基金经理高，或者觉得自己有一套选股的绝招，能发现一些牛股，甚至能持续战胜大盘。他们刚开始的确赚了一些钱，甚至还有人全职炒股，可现在都过得比较窘迫。

我建议您，可以对资金做一下分类，一部分用来配置基金，另一部分用来炒股，等一两年之后，我们再对比一下，看看哪种投资方式性价比更高。

4.5.4　如何回应"你们推产品就是为了赚手续费，不值得信任"

当客户觉得我们推产品就是为了赚手续费，不值得信任时，我们可以做以下回应。

××老师，每家公司或平台都有自己的盈利模式，正因为我们需要赚手续费，所以我们才会更尽心地给您配置更合适的产品，让您有更好的投资体验，这样才会形成良性循环。现在社会分工非常细致，但是术业有专攻，强中自有强中手。

我有一些朋友，在最初装修房子的时候，没有请装饰公司，都是自己在网上买家具、瓷砖、涂料，回家自行装修，他们对自己的家装手艺充满自信。但是没过几年，家里很多地方都出现了问题，不是卫生间漏水，就是地板开裂，他们这才不得不请专业的人员来进行返工。

所以，在投资领域，我们一定不要掉以轻心，还是要相信专业的力量。

小结：其实，每个人或多或少都有一些"过度自信"，总觉得自己掌握的投资资讯比别人多，自己对市场的了解比别人透彻。我们要破除客户"过度自信"的心理，消除客户异议，这时候需要对客户进行"降维打击"，让客户感觉到我们的专业性的确比他们更强！

4.6 重新定义，动摇客户的固有认知

很多时候客户的一些异议来自他们之前的一些固有思维和认知，或者是受到了外界一些投资资讯的刺激，我们在消除客户异议的时候，需要"重新定义"来引导客户思维，从而消除客户异议。

4.6.1 如何回应客户的"为什么别的基金都反弹，我的毫无起色，还不让我调仓"问题

当客户提出"为什么别的基金都反弹，我的毫无起色，还不让我调仓"的问题时，我们可以做以下回应。

××老师，您好。该不该调仓，我们有一套行之有效的标准，而不是只看基金的涨跌。

（1）不要关注单只基金，而要关注整体账户。

我们更关注的是您的整体账户，目前您的整体账户配置比较合理，各个板块之间的比例也比较均衡。

（2）不要只关注基金单个月的表现，而要关注其在最近1年、2年、3年等的长期表现。

如果某只基金长期表现不错，只是最近反弹力度小，则可继续持有；如果某只基金长期表现很一般，现在反弹也很无力，则可以做一些调整。我们也检查了您的持仓，您所购买的基金的长期表现都是不错的，所以不建议您现在做调整。

（3）不要只关注基金的反弹力度，还要看基金是否是"同类型"的。

前面一个月是××板块在涨，现在则是××板块在涨。市场热点切换很快，不要只看到××基金在涨，更要关注该产品是什么类型的、什么风格的，以及投资的是什么赛道。

也是基于以上三点，我们建议您继续持有，不要过分担心、急着调仓。

注意：这里把该不该调仓做了重新定义

4.6.2 如何回应客户因变换基金经理而赎回产品

当客户提出"因变换基金经理，而赎回产品"时，我们可以做以下回应。

××老师，首先我想让您明白，基金公司和客户的诉求是一样的，都是想给客户更好的基金持有体验。尤其是长期业绩还不错的基金，在客户那里已经建立了好的口碑，基金公司是不会自砸招牌的。所以，我有以下建议。

如果基金公司治理稳定，公司层面考虑该基金经理管理规模太大，或者想培养新基金经理等，就会对基金经理进行内部分工调整，但是您可以继续坚定持有该基金。

如果基金公司治理稳定，而基金经理离职，那么我们可以观察该基金3~6个月，看看新接手基金经理的投资风格与您的风险收益特征是否匹配。如果匹配，就坚定持有该基金，如果不匹配，就逐步减仓。

如果基金公司治理不稳定，又突然换了基金经理，那么我们建议您逐步减仓。

另外，我们要知道公募基金有非常严格、完善的投研体系，基金经理也只是整个投研体系中的一环，不要过度将其神化，而是要更多地关注基金公司的治理结构、自身持有基金的体验。

注意：这里也运用了"重新定义"，即把客户投资目标从关注基金经理转到关注投资基金的终极目标——获得超额收益。同时要说明公司换基金经理的原因，最后还要告知客户，公司做好基金业绩的决心。

4.6.3 如何回应客户的"固收+"变成了"固收-"问题

当客户质疑产品由"固收+"变成了"固收-"时，我们可以做以下回应。

××老师，目前权益类市场波动比较大、热点切换比较快，不少权益类产品的最大回撤都超过了40%。从金融机构研究组的数据来看，截至2024年4月16日，大部分固收+基金的收益率都是小于10%的（如图4-2所示）。换言之，当我们都在说"固收+"变成"固收-"，对该产品颇有微词的时候，其实"固收+"产品的防御表现还是可圈可点的。

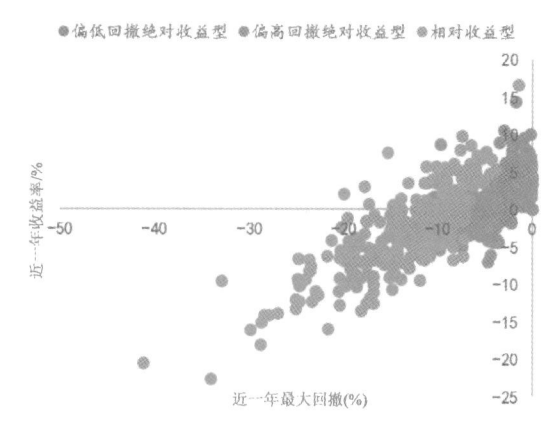

图 4-2　各类"固收+"基金回撤分布情况（示意图）

数据来源：Choice，数据截至：2024 年 4 月 16 日

所以，我们觉得"固收+"不是"固收-"，而是"权益-"，在市场低迷的情况下，该产品的回撤控制比较好，保证了我们能在波动的市场中拿住筹码，享受后面市场上涨带来的收益。

注意：这里的重新定义是将"固收+"定义成"权益-"

小结：重新定义是在处理客户异议时很重要的一个方法，能强烈冲击客户过去的认知，让客户对自己恪守的一些规则、规律产生怀疑，从而动摇客户内心的信念。在利用重新定义的方法时，可以结合"权威""名人名言"等，更能有效消除客户异议。

4.7　时空切换，解决客户的"近视焦虑"

在投资理财中，有时候客户还会受到"近因效应"的影响，比如市场刚刚下跌、周围朋友的投资也都下跌了，客户就对自己之前的投资计划、对我们推荐的基金等产生怀疑。这时候需要我们进行一些"时空切换"，比如把投资时间拉长、放到更宽的空间去看，能解决客户的"近视焦虑"。

4.7.1 如何回应客户的"在推荐时基金涨得很好，一购买就开始跌"问题

很多客户都会有"为什么在刚开始推荐时基金涨得很好，一购买就开始下跌"的问题。

该问题症结在于客户关注的是"眼前"，觉得我们是因为基金涨得好才推荐给客户的，但客户一买就跌了。在解决这类异议的时候，需要我们做一些"时空切换"，重新定义投资的目的，从而引导客户思维，化解客户异议。

（1）投资基金是为了避险而不是为了避损（重新定义），因为投资基金是为了应对未来的，比如未来子女教育、退休养老等，而不是眼前的亏损（时空转换）。

（2）投资基金看重的是基金经理的长期投资能力，而不是短期净值的涨跌（重新定义）。

（3）投资基金是不需要择时的，因为我们不可能吃完"全鱼"，只要牢记自己的投资目标即可（重新定义）。

举例说明：

指数基金之父约翰·博格曾说投资是一项关于信念的行为，是一种推迟眼前消费以获取未来所得的意愿。

（1）投资是为了未来"避险"，而不是为了眼前"避损"。我们给您推荐的基金不是为了让您快进快出，而是实实在在地想让您合理规划资金，能应对未来的不时之需，所以眼前的波动只是长期规划中的一个小插曲，无须多虑。

（2）我们给您推荐这只基金不是因为其净值涨得好，而是看重基金经理的投资水平。之前该基金涨得好，也侧面证明了基金经理的投资水平是不错的。

（3）我们也要分清基金净值下跌的原因。如果是普跌，那就是市场的原因，该基金是可以继续持有的；如果是结构性行情，就需要看基金经理的操作风格是否稳定。如果基金经理的操作风格稳定，则可以给基金经理多一些时间；如果风格比较飘忽、重仓股踩雷了或者基金经理发生了变动，则建议您做一些调整。

（4）不畏浮云遮望眼，风物长宜放眼量。您无须过分担忧，记住投资基金应"止盈不止损"，而不要"追涨杀跌""频繁操作"。

4.7.2　如何回应客户购买的基金亏损问题

很多理财经理害怕客户亏损，其实害怕的是"某个时间点"客户的亏损。我们常说长期投资，其实也是指在衡量账户亏损的时候，不能用"某个点"而要用"某一段时间"。

大家可以看一看天天基金网是如何展示客户收益的。它分了"昨日收益""持仓收益""累计收益"，如图4-3所示。

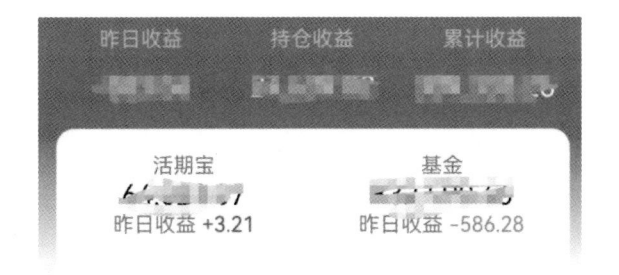

图4-3　天天基金网账户收益截图

一个客户跟我们交流，说在我们这里买的基金亏了，那么他指的"亏了"是"昨日亏了""累计亏了""持仓亏了"还是"担心未来亏了"呢？

（1）××老师，您现在看到的亏损是今天的产品表现，只要您没有赎回，亏损就是"浮亏"。我仔细看了一下您的投资账户，去年赚了××万元，前年赚了××万元，您的累计收益还是赚的。您也是老基民了，对市场波动已经非常熟悉了，所以我们也要把目光从"点"投向"面"，从"关注此刻"转为"关注全投资周期"，盈亏同源。

（2）××老师，我看到您的账户的确是亏损的，累计收益看起来也是亏的。其实从我自己的经历来看，在每一次产品出现亏损后，我们都要冷静下来做一些复盘，看看以后要规避什么。我本人的账户在 2015 年亏损比较严重，但是在 2019 年又赚回来了。投资是长期的事情，谁笑到最后，谁笑得最美。今天，您要是有时间，我带着您重构一下投资体系，一起复盘一下前面的投资逻辑，避免以后又出现同样的问题。

注意：客户常常都有一些"近视焦虑"症，一旦我们把视线拉长，能从"前、现、后"去看，关注客户的"全投资周期"时，我们处理问题的空间就很大了。

4.7.3　如何回应客户所认为的"投资风险太大，不如存银行踏实"问题

我们一样可以借助"时空切换"，把客户眼光从当下投射到未来，如此我们处理问题的视角和空间就比较开阔了。

当客户觉得"投资风险太大，还不如存银行踏实"时，我们可以做以下回应。

××老师，我们把一辈子需要花的钱画一条蓝线，称为"支出线"；在黄金期赚的钱画一条红线，称为"收入线"（如图 4-4 所示）。凸起的地方就是盈余部分，我们需要用这部分钱支付退休后的日常生活开支、家庭所需等。盈余越多，我们未来的日子就会越轻松。

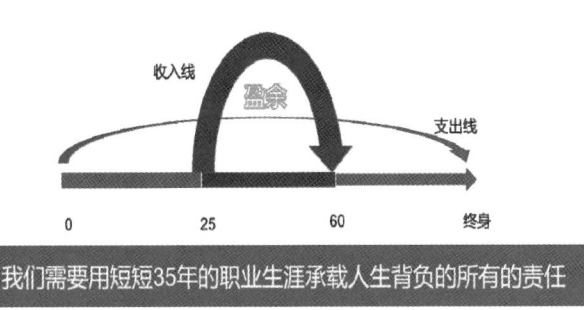

图4-4 支出线与收益线

这两年公募基金的赚钱效应越来越突出，为了提升基民提出的体验，监管部门也从多维度全面开花。比如倡导基金公司提升主动投资能力、取消短期业绩排名、深化资本市场改革、拓宽公募基金投资范围、适当性管理发布、基金投顾试点、规范金融营销等。目前的确是投资公募基金的黄金时期。

当然，我跟您一样，都很担心目前市场的风险，正如巴菲特所说："真正的风险是永久性的亏损和回报率太低。"不愿意接受短期的波动，就不可能获得长期的高收益。如果只看重眼前的本金安全，那么要付出的代价就是未来购买力的下降。所以，我觉得您可以利用现在手中的一些闲钱给自己的未来多加一份保障，您看要不要今天给您做一些配置？

小结："时空切换"可以引导客户向前看、向后看，或者把时间拉长看。把当下不好解决的问题放在未来，或者把不好解决的问题平摊到更长的时间中。很多时候客户需要的是一种"认知一致"，即让自己的心里过去。

4.8 目标转移，协助客户长期持有

世界上最难的事就是把"我脑中的思想"放到"你的脑中"，很多时候面对客户异议，如果我们陷到客户自有的逻辑框架里，会让客户觉得我们在努力说服他们，从而让客户内心有很强的戒备心。这时候，我们就需要把双方的关注点进行转移，在某些目标上达成共识，消除客户异议，从而顺利成交。

4.8.1 如何回应客户的"持有多长时间，收益率有多少"问题

当客户提出"产品要持有多长时间，收益率有多少"的问题时，我们可以做以下回应。

在回答这个问题时，我们可以进行"目标转移"，给客户一个"更具体、更直观"的投资目标。比如，我一直秉承投资是服务于生活的，每一项投资目标的背后一定要关联某个具体人的具体生活，这样才能让客户持有时间更长，不会过分关注市场涨跌和波动。

（1）××老师，我想跟您分享指数基金之父约翰·博格的一句话，他说投资是一项关于信念的行为，是一种推迟眼前消费以获取未来所得的意愿。什么是信念呢？它可以是人的一种执念，也可以是一种思维方式、一种生活习惯……在投资的路上，如果您总盯着赚多少钱，则容易让自己情绪失控；而如果把投资当成一种生活方式，或者一种习惯，就会更从容、更淡定地面对市场的起伏。赚钱是自然而然、顺理成章的。

（2）××老师，我们平时做计划总是分 A/B 计划，做事情总是留一手，为了防止有不时之需。投资其实也是一种思维方式，立足于现在、着眼未来，为了规避未来的风险。很多时候，我们的目标不是盯着现在能赚多少钱，而是看未来能否规避一些不确定性的风险，比如老了劳动力下降，而孩子需要更多的钱，所以我们在年轻的时候要多投资。

（3）××老师，有时候投资是一种生活习惯，有人喜欢跑步，有人喜欢打麻将，而有人喜欢投资。就如钱钟书说的，一串葡萄有人先吃好的，也有人先吃坏的。投资行为也是，有人消费现在，有人消费未来。我们常说要赚钱就必须长期持有投资产品，这样在界定投资的时候，我们自然而然地就是一个"长期主义者"了，从而能在未来的某一刻感受到时间的馈赠、复利的收益。

4.8.2 如何回应客户的"持有了很长时间，依然亏损"问题

当客户质疑持有了很长时间的基金，但还是亏损时，我们就应协助客户把投资目标进行迁移，将客户的注意力从"短期赚钱目标"转移到"满足某些情感、表达性需求"中。

××老师，您好。您的心情我是非常理解的，目前市场反复震荡，让很多投资者都很受伤。下面我跟您分享一些我自己的投资心得。我把我的投资目标设定为补充"小孩教育金""家庭旅游经费""退休养老金"。这样操作后，我的焦虑得到了很大的缓解，而且持有更踏实。通过跟您的交流，我知道您其实也很明白不应该在市场底部赎回，因为市场是有周期的，涨多了会跌，跌多了会涨，只是心里比较难接受，您要不要试试我这种方法？

4.8.3 如何回应客户的"涨了不让卖，亏了不让卖，到底什么时候卖"问题

每次市场反弹，很多的账户都能接近回本，但当客户准备赎回的时候，我们却在支持客户继续持有，于是客户就质疑"涨了不让卖，亏了不让卖，到底该什么时候卖呢"，这时需要我们从投资的目标方面给客户解释。

××老师，什么时候该赎回跟我们的投资目标息息相关。如果您一开始就设置了投资止盈/止损线，那么您就要恪守投资纪律，目标到了就触发赎回；如果是为了关注自我行为修正、自我专业提升，则建议您有意识地破掉"心中贼"，做一些逆向操作；如果您是为了满足家人的生活需求等，那么到了需要用钱的时间点，就可以直接赎回。

下面，我们额外再讲解一些指定投资目标中常见的误区。

1. 根据过往产品平均收益率来制定投资目标

很多人的目标收益率都是根据上一年或过往的业绩来拟定的。比如，2018年股票型基金的平均收益率是−25.43%，混合型基金平均收益率为−14.19%，你还记得2019年你的目标收益率是多少吗？2020年股票型基金的平均收益率达到了57.06%，那么2021年你给自己定的目标收益率是多少呢？2023年股票型基金收益率为−9.53%，而你定的2024年目标收益率又是多少呢？

回顾一下我的基金投资，在2019年没有赚到什么钱，主要是因为2018年权益类市场表现太差了，所以在2019年年初，我给自己定的目标是收益率达到10%就止盈。2019年4月份，我持有的某只消费类基金收益率达到了15%，于是我全部赎回了，我告诉自己达到预期了。2020年市场表现太强势了，虽然很多媒体信息都在告诉我们要调低对2021年的收益率预期，但是我在思考2021年目标收益率的时候，很轻松地给自己定下了15%。而2023年市场比较差，定的收益率目标也比较低，但我发现这是有问题的，我受到了"锚定效应"的影响。

因为2019年全年市场收益率是很好的，而我受2018年的影响，设定了10%的收益率目标值，这个目标很快就达到了，所以后续市场，我一直没有参与，错失了很多收益。而2020年市场收益率太高了，我轻易就把2021年目标收益率定在了15%，但是市场不尽如人意，很可能15%的收益率都难以达到，再遇到市场调整就会延长我的资金持有时间。

如果我们以过往产品的平均收益率来制定自己的"目标止盈"区间，很可能会陷入"锚定陷阱"，从而导致我们做出一些并不是很明智的决定。

2. 根据通货膨胀率而制定投资目标

既然根据过往平均收益率制定目标不是特别靠谱，那么我们对标"通货膨胀率"是否可行呢？指数基金之父约翰·博格也说过，长期投资者的目标就是获得超过通货膨胀率的实际收益率。

这个问题在于你是想年年都战胜通货膨胀率还是长期下来平均战胜通货膨胀率呢？

比如，2020年，通货膨胀率是4%左右，如果你定的目标是每年战胜通货膨胀率，那么你的收益率超过4%就应该很满足了，该赎回了。如果2020年真这样操作了，就亏大了，因为2020年很多人的收益率都超过了40%。但是，2018年市场行情不好，都是亏损的，如果你在2018年投权益类基金，那么想战胜通货膨胀率就很难。

也就是说，因为市场存在不确定性，所以我们目标收益率期限不能以单一年度衡量，应该致力于长期平均年化收益率战胜"平均通胀"才更合理。加之基金收益是非线性的，我们也不知道它在哪一个时间段会涨得好，在哪个时间段会亏得多。

所以，在进行"目标转换"的时候，可以从"抽象"到"具象"，比如从笼统的赚钱到具象某个人的生活，这能让客户持有更从容；同时也可以从"具象"到"抽象"，比如从具体的数字到投资理念、投资行为等，也能让客户养成长期投资的习惯，提高投资的胜率。

4.9 隔离法，"大麻烦"只是"小问题"

所谓隔离法，是把一些不好解决的"大麻烦"进行切割，让客户觉得也只有某个小问题没有达到诉求，不影响大局。

我们在处理客户异议，不好满足客户诉求的时候，也可以使用"隔离法"。

比如：这两年很多客户投资基金亏损，对客户进行再次营销比较难。

对于目前投资已经亏损的客户，很多理财经理的建议都是"长期持有""基金定投""均衡配置"，或者是"基金转换"，但是客户往往也会面临着进一步被套的风险。所以对已经亏损的客户进行再次营销时，我们提供的方法是"做隔离"，具体操作方式有以下几种。

4.9.1 目标隔离

一些客户看到最近自己的账户是亏的，但是别人的账户是赚的，就会过分自我涉入，觉得自己是不是比较笨。这时候，我们可以结合"目标转移"做一些隔离。

××老师，我们可以对投资目标做一下分类。第一类是基础目标，即将投资目标设定为年化收益率超过通货膨胀率，对于基础目标部分的持仓亏损可以通过"基金转换""大额定投""逢低补仓"等手段加快回本时间；第二类是重要目标，即将投资目标设定为改善生活，对于重要目标可以"持续逢低加仓"或者"坚持定投"，这部分是"越跌越开心"；第三类是梦想目标，投资期限更长，如用作养老保障、创业资金等，对于梦想目标的投资，需要耐心持有。

所以，我建议您可以先把投资目标重新做一下分类，针对不一样的投资目标，采取不一样的方法。

4.9.2 资金隔离

很多新手客户一亏损就很焦虑，觉得自己很"吃亏"，还觉得自己的钱"是血汗钱""存了好多年""是每天辛苦赚的"，而现在亏损了，心里很难受。比如我们公司的财务人员，她一直坚持做基金定投，今年亏了800元，心里很不舒服，盼望着一回本就赎回。我跟她说，今年年底公司给你发个大红包，你就当是公司发钱让你玩了一个游戏，她马上就舒服多了。

××老师，目前您的账户有一些亏损，我们建议对"资金来源"做一些梳理。比如我们合理利用家里的一些闲置零钱做投资，即使亏损了一点儿也无所谓，反正都是闲钱，那就一直拿着，如果赚了，那就是惊喜。因为本来就是闲钱，赎回来之后也暂时没地方用，又没什么好的投资渠道，所以不如继续拿着。我知道您难受的点可能是有些投资的钱是您辛辛苦苦工作很多年存下来的，这部分钱我们会给您密切关注，等到市场反弹时，及时减仓。如果投资用的是之前赚的钱，那您根本不用担心，即使亏损，也只是盈利回吐。

所以，我建议您可以先对资金来源做一下分类，这能让我们更好地看清账户投资情况。

4.9.3 持有期限隔离

还有一部分投资者如果持有一只产品3个月左右还没有赚到钱，心里就会非常慌，这里需要我们对持有期限做一个隔离：哪些是准备短期持有的（6个月），哪些是要中长期持有的（1~3年），哪些是长期持有的（3年以上）。

××老师，账户亏损先不要着急，我们冷静下来看一看哪些钱急着用，哪些钱短时间内不用，哪些钱是可以一直用来投资的。对于急着用用的钱，我建议逢高减持；对于短时间内不用的钱，建议先不要做任何操作；能一直用来投资的钱，则建议您逢低加仓。

4.9.4 仓位隔离

还可以建议客户做一些仓位隔离。

××老师，我们做投资是无法控制外界市场的，唯一能控制的是我们的仓位。我看了一下，目前您的仓位分布不是特别合理，权益类产品占比过高，持有期过长。建议您可以赎回部分权益类产品，增配一些"固收+"产品，这样能减少账户波动；同时等持有期产品到期后，可以赎回一部分并改投开放式产品，让资金的灵活性更高。

小结：很多人一看到亏损就慌张，巴不得马上回本，其实都是因为缺乏"计划性"，没有做冷静分析导致的。"隔离法"能有效地"大事化小""化整为零"，降低客户心里的焦虑感。上面介绍的几种隔离法，不仅适合处理售后异议，也能助推客户购买产品，大家可灵活使用。

4.10 以退为进，鼓励行动

之前，我在处理极端投诉的时候曾用过"鼓励行动"的方法，就是客户已经对我们失去信任或者对我们进行极限施压（如不解决，我就向上一级投诉；若不解决，我将……）等，我们可以"以退为进，鼓励行动"。

4.10.1 回应客户的"投诉升级"

"鼓励行动"并不是真正放任客户情绪，鼓励客户做一些极端事情，而是在沟通时与客户重构信任，让客户冷静下来，找到真正的问题在哪里。

比如：客户要向上级投诉，质疑我们之前的销售不合理、不合规。

××老师，您的心情我非常理解，因为我们都是"一条船上的"，所以您对我进行极限施压，我完全理解。现在的关键是怎么解决问题，如果投诉能追回您的亏损，那么我接受。然而事实上，您也回看了我们所有的销售过程记录，都是合理合规的，现在的焦点在于"基金经理后面会如何操作，产品什么时候会有起色"。我现在当着您的面儿，给基金公司打电话，若有必要我也可以把基金公司的渠道经理约过来，我们一起质问他。

现在，我想让您知道我本人的做事风格，我的立场始终都是站在您这边的。如果您还是想进一步采取措施，那么我也会尽量给您提供支持。只是我们要好好衡量一下，耗掉的时间、精力成本能不能加快我们回本的时间，减少我们亏损的额度。您再冷静一下，好好想想。

4.10.2 回应客户的"什么时候解套"

当客户问什么时候能解套时，我们可以像下面这样回应。

××老师，您好。您的账户什么时候能解套我不知道，但是我知道目前是市场低位，此时应该主动出击，且应针对以下3种情况采取相应的方法。

（1）权益类产品持仓比例低于10%。

我建议您可以配置新基金，按照10%左右的资金比例进行配置。道理很简单，投资要区分"真假风险"。目前市场处于下跌行情，重仓是有风险的，但对于空仓或者轻仓而言就是机会，大胆地配置。您现在的买入价位非常低，还担心什么？

（2）持仓比例高于30%。

我建议您持续做基金定投，每次定投金额不用太大。基金定投"买跌不买涨"，目前市场在下跌，我们开启基金定投，能用时间行动减缓情绪焦虑。

（3）持仓比例高于50%，而且已经亏损超过25%。

我们可以做一些止损操作了，我重新给您筛选一些绩优基金，开始新的投资。

4.10.3 回应客户的"债基亏了怎么办"

从我自己经历的债市"黑天鹅"来看,时间的确会磨平一切,在时间长河里,现在的波动都不算什么。问题是,我们都生活在短暂的时间长河中。宇宙是无限的,但人的生命只有几十年。难道我们亏了,只能干耗着,等到天荒地老、海枯石烂?所以,对于债基的亏损,如果把一切都丢给时间、丢给长期投资,并不是最优的选择。

当客户问债基亏了怎么办时,我们应如何回答?下面针对客户债基配置比例进行回应。

(1)客户只配置了20%左右的债基。

其实,这20%左右的债基亏损占比是很小的。为什么客户会恐慌?这是客户的心理账户在作怪,他们会觉得连银行的理财产品、低风险的债基都亏了,那还有什么产品可以买呢?如果我们也顺着这条思路去做售后,只会强化客户的固有认知。

××老师,其实您也知道,在资管新规颁布之后,理财产品都是净值化的,波动是不可避免的。在目前这个时点,我建议您选择弹性更大、风险收益更高的产品,这样只要市场稍微反弹,就能弥补我们债基的亏损。

(2)客户配置了80%以上的债基。

这时候,我们的步子应该迈得更大一点,因为此时客户"缩短回本时间"的诉求是非常强烈的。我们可以把客户部分债基的仓位转移到权益类仓位更高的产品上,能增强产品的进攻性,缩短回本时间。

××老师，目前这个时点，我真心建议您转20%债基仓位到权益类产品上面。这样只要市场稍微反弹，就能弥补我们债基的亏损。

（3）客户没有买任何债基产品。

××老师，您也看到了，现在所有产品都有波动。所以我们在配置产品的时候，不能一味地选择低风险的产品，必须要分散投资，可以"一次性购买低风险产品+分批定投"或者一开始就做好资产配置，要不要我给您制订一份家庭资产配置计划呢？

记住：最好的销售就是"进攻"，解决异议最好的办法是"持续行动"，缓解极度施压最好的办法是"鼓励行动"。

第 5 章

临门一脚，绝对成交的促成话术

5.1 识别购买信号

5.2 十大促成话术

前面已经跟大家介绍了开口话术、演示话术、攻心话术和异议处理话术，但是在现实环境中，仅使用这些话述可能还是无法很快让客户下单。这时候就需要我们能及时识别客户购买信号，促使客户早点下单。记住：成交才是我们一切铺垫的核心，也是我们销售的最终目的。

5.1 识别购买信号

以前都说波斯人做生意会从人的瞳孔放大程度来判断该产品如何定价。我们在跟客户交流时，也要保持敏感性，敏锐地捕捉到客户的购买信号。一般而言，可以从以下几个方面来识别客户的购买信号。

5.1.1 客户表情/举动

当客户跟我们面对面交流时，如果其坐姿从后仰到前倾、开始拿着宣传单仔细看或者拿出手机查相关资讯，再或者拿出手机给自己的朋友询问相关细节等，则都是在释放购买信号。

5.1.2 语气语调

如果客户跟我们交流的语气没有之前那么强势或者充满质疑了，而是开始软化，询问我们相关细节，那么可以推断客户有购买欲望了。

5.1.3 交谈气氛

如果与客户的交流气氛没有刚开始那么剑拔弩张了，客户语气也变得友好，那么客户就是在释放购买信号了。

除了以上这些购买信号，还有下面这些语句能侧面反映出客户的购买欲望，但这时候我们要能听懂弦外之音。

- 你们这只产品最低购买金额是多少？

- 购买这只产品，还有没有什么额外的活动？

- 产品购买成功后，我多久能在账户看到这只产品的运作情况？

- 产品购买成功后，你们有服务群吗？市场波动会不会及时通知我？

- 如果中途产品运作跟你们介绍的不一样，有没有什么应对措施？

- 如果中途我急着用钱/还有闲钱，可以及时赎回/追加投资吗？

- 我还是觉得这只产品封闭期太长，有没有持有期短一些的产品？

- 你觉得我应该买多少金额比较合适呢？

- 购买这只产品的客户多吗？

- 你会买这只产品吗？

- 如果我想持有 2 年以上，那么这只产品适合吗？

- 我还有一些资金没有到账，你们认购截止期是什么时候？

- 对于目前的市场我还是有一些担忧，有没有更稳妥的投资方式？

- 我还是觉得新基金建仓期太长，有合适的开放式基金吗？

- 如果中途出现亏损，你们有什么服务保障吗？

记住：当客户给出购买信号的时候，就是促成交易的最佳时机。

5.2 十大促成话术

5.2.1 把成交权交给客户——二选一成交法

以前我们上营销课，老师经常说"不要问客户要什么酒，应直接问客户要茅台还是五粮液"，也就是我们常说的在最后交易促成的时候，不要用开放式问题，而要用封闭式问题，这样更能获得客户肯定的回答，而且还能减轻客户心理压力，让客户觉得是自己掌握了主动权。

这种方法尤其适合客户没有明确拒绝或答应时，可以在客户半推半就之间成交。

之前我在银行做网点辅导的时候，近距离接触过一位理财经理"高手"的交易促成过程。

客户说："你推荐的这只基金很好，只要我的理财到期，买几十万元是没问题的。"其实，客户的这句话只是一个推辞。

"我帮您看看，您的理财什么时候到期。"这位理财经理以退为进，紧紧抓住客户的话不放松。

"到期时间还早，我买的是你们银行 270 天的理财，但才刚买不到 1 个月。"客户漫不经心地回答。

"哦，那还有好几个月。虽然说是好几个月，但时间也是很快的。要不这样，今天刚好有点儿时间，您的资金也要几个月后才到账。我干脆用这点儿时间给您梳理一下家庭资产状况。"这位理财经理说完，就拿出一张白纸，开始在白纸上画图（我们前面讲到的画图法）。

"您小孩今年多大了？有没有算过总的教育投入大概需要多少钱？"

"您目前每个月社保是多少？有没有做一些养老储备？"

"目前除了定期储蓄、理财，还买了别的金融产品吗？"

在理财经理一连串的发问下，客户被问蒙了。接着理财经理又进一步说："根据您现在的家庭资产状况，我给您设计了一个资产配置方案，即使您后面不在我们银行购买理财产品，去其他银行购买也是可以借鉴的。"

"对了，如果您要投资的话，是选择基金定投还是一次性投资呢？"理财经理又追问了一遍。（注意，这里就是运用了二选一成交法。）

"可能还是选基金定投吧，风险稍微小一点。"客户回答。

"那我建议您今天就可以把基金定投账户开了，先存 100 元进去，等几个月后，理财到期了，我们再按照刚才制定的资产配置方案操作。"

于是，客户就这样开了基金定投账户，并做了一户定投。我当时在旁边被惊得目瞪口呆，这位理财经理一步步把客户的一些托词变成了"今日成交"。

注意：我们在运用"二选一成交法"时要注意以下事项。

- 提供的选项是让客户能做出肯定回答的，而不是给客户拒绝的机会。

- 在给客户提供选项的时候，不要有太多方案，只要"二选一"或者"三选一"即可。如果选项太多，客户就会举棋不定、犹豫不决了。

- "二选一成交"表面上看是把成交主动权交给了客户，事实上是让客户在一定范围内进行选择，一切都在我们掌控之中。

5.2.2 化繁为简——类比成交法

前面我们跟大家讲过，"类比"能有效地把一些陌生事物朝客户熟悉的事物转变，且一些简单、轻松的类比能化解客户担忧，促使客户行动。

类比成交法尤其适合一些已经有了购买的想法，但是又有点儿害怕，需要我们进一步促成的客户。

（1）××老师，其实投资跟我们买房子、开店铺、种庄稼甚至骑自行车等都是一样的。比如买房子需要先付首付，再付月供，有的还要等1~2年才能交房；开店铺，需要先租门面，再开始装修，然后请人工。但是不管是买房子还是开店铺，您首先要做的都是"先上车"，只有上车了，才能享受时间的复利。一直观望、一直犹豫、一直思考是没办法赚到钱的，所以今天咱们先上车？

（2）××老师，您冬天泡脚的时候，肯定不是一下子就把脚放进盆里的，因为这样很容易烫到脚。我们得先伸出一只脚，再划动一下水，试试水温是高了还是低了。这也是我先让您配置40%权益类产品的原因，即先试试水温。当持有3个月后，您要是觉得接受不了，我们就在此基础上减少权益类仓位；如果您觉得还可以，就在此基础上增加权益类产品仓位。您觉得呢？

（3）××老师，其实"买基金"与"坐公共交通"差不多。公共交通有什么优点呢？费用低，有专用线路、专职司机，公司正规。仔细想一想，两者确实是相似的。公募基金收费低，投资的都是"标准化资产"，基金经理都是曾经的学霸、人中龙凤，基金公司背景都很高大上，在认购新股、投资某些标的方面，公募基金还真有一些优势。要不您今天就买一张"车票"，试一试公募基金这辆车？

注意：运用类比成交法，让客户把陌生的事物跟自己熟悉的事物结合起来，降低客户行动的难度，成交也就水到渠成了。

5.2.3 陈述利弊——主动成交法

陈述利弊主要是为客户分析各种投资利弊，协助客户主动做出选择。但是该方法需要理财经理具备丰富的知识，不能让客户反客为主。

主动成交法尤其适合比较理性而犹豫的客户。

（1）××老师，我把市面上我们能买的理财产品都做了一个梳理（如表5-1所示），您可以看看每一款产品的优势和劣势，再决定您的购买。从我个人的分析来看，不管是起购金额、风险还是流动性，公募基金都是"家庭理财性价比之王"，您看要不今天就先配置一些？

表5-1 理财产品对比

产品种类	管理人	起购金额	风险	流动性
银行理财	银行	中低（大部分1万元起）	打破刚兑后，净值化走上台前	一般
信托计划	信托公司	高（100万元起）	刚性兑付被打破	较差
券商资管计划	证券公司	中高（5万~100万元）	不承诺保本，收益与风险成正比	较差
私募产品	私募基金	高（100万元起）	监管不透明	差
理财型保险	保险公司	低（几千元）	收益低，本金占用时间长	差
公募基金	基金公司	低（最低可以0.01元）	收益与风险成正比	好
P2P	某财富/贷款公司	中低	项目风控不严格	一般

（2）××老师，公募基金种类是非常多的，不同产品有不一样的适用场景（如表5-2所示）。比如货币基金、中短债基金虽然风险低，但是收益也低；商品类基金，虽然能抵御通货膨胀，但是规模可能比较小，波动会比较大；主题或者行业基金，虽然或许能获得较高收益，但是也会面临较大风险；基金定投虽然能帮我们平滑风险，但是需要我们有更多的耐心。

第 5 章 临门一脚，绝对成交的促成话术

表 5-2 公募基金适用场景

用户需求	适用产品	产品举例
灵活、收益超活期	货币基金、中短债基金	××现金增利、××货币
抵御通货膨胀	商品类基金	××黄金 ETF 联接
养老所需	养老目标基金	××双债添利债
抵御人民币贬值	美元债，其他 QDII 基金	××纳斯达克、××精选美元
看好某个行业、主题	主题或者行业基金	××丝路主题、××国企改革、××环保
关注热点行业	人工智能基金、新能源基金等	××科技动力混合
想吃稳定股息	高分红基金、红利基金	—
资金长期不用	封闭、定开产品	—
提升现金收益率	余额宝等各种宝宝类基金	—
强制储蓄理财	基金定投、智能定投	指数基金

通过刚刚的交流，发现您主要是想抵御通货膨胀，做一些长期投资，所以我给您建议这样一个组合"A+B+C"，您看看是否合适？

（3）××老师，我知道您之前购买理财产品比较多，但接触"固收+"产品比较少，我专门针对二者做了一个对比分析（如表 5-3 所示）。

表 5-3 理财产品 vs "固收+" 产品

	理财产品	"固收+" 产品
监管机构	银保监会	证监会
产品发行	发行前 10 个工作日，在银行理财信息登记系统进行登记	注册制，证监会有权决定产品是否予以注册。收到准予注册文件起 6 个月内募集结束
成立条件	有规模上限	有规模下限（总额不少于 2 亿元）
产品分类	固定收益、权益类、商品及金融衍生品混合类	股票、债券、混合债券、商品、FOF
投资范围	存款、存单、票据、股票、未上市股权商品及金融衍生品。可以投非标准化产品，但是不可以投其他理财产品	股票、债券、货币市场、期货、期权、其他基金等。不可以投非标准化产品，但是可以投其他基金（FOF）

续表

	理财产品	"固收+"产品
收取费用	认购费为0，清算时扣取托管费、销售管理费、业绩报酬等	有认（申）购费、赎回费、托管费等
起投金额	最低1元	最低0.01元
信息披露	有待改善	有严格要求
销售渠道	商业银行本行渠道及其他银行业金融机构	取得基金销售业务资格的银行、证券公司、期货/保险、基金销售机构等全方位的销售
业绩比较基准	固定数值或者指数比率	指数比率
估值方法	传统计价式、成本法估值、净值化	净值化

根据表5-3可以看到，理财产品与固收+产品主要差别如下。

（1）估值方式。在资管新规颁布之后，不少银行理财产品都在朝净值化转变，但是也有不少产品采取"伪净值化"的估值方式，给人的感觉还是能"保本、保收益"。监管部门再次出手，就是在打击这种"估值游戏"。也就是说，银行净值化产品以后越来越向基金看齐。

（2）业绩比较基准。目前不少银行理财产品的业绩比较基准使用固定数字，这会给投资者带来一种"隐性刚兑"的感觉。而公募基金使用指数比率，其业绩比较基准只具备参考价值，没有任何预期收益的承诺。可以预见，在估值方式改造完成之后，银行净值化理财产品的业绩比较基准也将迎来新的变化。

简单来说，银行净值化理财产品向公募基金看齐是一个趋势。您之前经常买理财产品，现在应该也意识到理财环境已经发生了很大的变化，所以要逐渐在家庭资产配置中加入"固收+"产品。刚好您有一些理财产品已经到期了，您看要不要配置一些"固收+"产品？

注意：在面对客户犹犹豫豫、无法决策的时候，我们可以向其陈述利弊，因为理性分析更能促进成交。但是，在陈述利弊的时候，千万不要误导客户或者"夹带私货"，一旦被客户识破，信任感就会破裂，想要再促成交易难度就比较大了。

5.2.4 赶走担忧——附加成交法

"赶走担忧，附加成交"是一种"艺高人胆大"的促成技巧，因为它试图在客户购买某产品的时候，还能销售更多的附加产品。下面列举一些常见情况及应对方法。

（1）客户说"你们这只基金的波动性太大，我有点儿不敢下手"。

我知道您的意思，我们给您推荐这只产品正因为其波动性大，尤其适合在市场震荡时做基金定投，所以可能会给我们带来更多的超额收益。当然您要是担心这只产品波动性太大，我们可以做一个组合，比如搭配一些固定收益类产品来平滑波动。

您看要不要我给您设计一个组合？这样在您尽可能获得高收益的情况下，也能有效降低投资的波动性。

（2）客户说"你们这只基金持有期太长，我怕急着用钱"。

我知道您害怕急需用钱时无钱可用，但您不用担心，现在我们银行开通了理财产品抵押项目可解决这个问题，当然您还可以开通一个大额信用卡来解决这个困扰。您看要不今天我给您办理一下？

（3）客户说"之前在你们这里买的产品都亏了，现在没有信心了"。

正因为之前的产品让您感受不好，所以我行才针对一些老客户推出这只产品，来重构信任度。这只产品不是每个客户都能买的，您看要不今天我给您办理了？

如果客户担心市场风险，那么我们可以建议为其做资产配置；如果客户担心我们的专业性不够，那么我们可以为其提供投顾服务；如果客户担心管不住手，那么我们可以建议其再配置一些固定持有期产品等。

对于一些理财经理高手来讲，附加成交是可以一直进行下去的，这也是附加成交的优点——要么达成交易，要么继续尝试营销，直到客户说"不"。

5.2.5　套餐组合——标准模板成交法

标准模板成交法其实就是利用设计好的投资组合进行营销，不给客户太多选择，让客户按照此模板购买即可。

这种方法尤其适合一些没有主见、总是有很多疑问的客户，下面列举一些常见情况及应对方法。

1. 针对亲子投资的模板

××老师，您好。我们银行针对"亲子投资"有标准的投资建议（如表5-4所示），投资时间您可以选择1号、10号、孩子生日等，投资金额和推荐产品根据您投资目标的不同而不同，我们银行很多客户都是按照投资模板进行投资的，您看看要不也按照这个模板来配置？

表5-4　亲子投资对照表

投资时间	投资金额	推荐产品	投资用途
1号	610元整数倍	权益类	陪伴经费
10号	910元整数倍	稳健型	教育经费

续表

投资时间	投资金额	推荐产品	投资用途
22号（孩子生日）	×22元整数倍（×表示孩子年龄）	权益类	成长经费
其他时刻	根据实际情况定	根据实际情况定	特别记忆

2. 根据钱的来源制定模板

××老师，我给您的投资建议都是从我们资金来源角度出发的，建议不同的资金来源配置不一样的产品，如表5-5所示。根据从业多年的经验，我们总结了一套行之有效的、能够减缓我们投资压力的模板，要不趁今天，我给您的家庭资产也做一个梳理并按照这个模板给您做一些配置？

表5-5 根据资金来源配置产品

资金来源	说明	投资策略	建议产品	投资用途
零钱	收到的红包、家里一些零散钱等	定投	权益类	零钱再利用
闲钱	定期、活期没有明确用途或者短期不用的资金	一次性购买	权益类	闲钱增值
省下来的钱	因旅游、贷款、培训、减肥等节省的钱	定投+一次性购买	权益类	让省下的钱再盈利
工作赚的	主业赚的	一次性购买	固收类	稳健保值
投资赚的	投资盈利	一次性购买或者定投	权益类	用赚来的钱投资
兼职赚的	兼职收入	一次性购买或者定投	权益类	用赚来的钱投资
其他来源	继承、赔偿、拆迁等	一次性购买	固收类	稳健保值

3. 常见的"金字塔投资策略"模板

金字塔投资策略模板如图 5-1 所示。

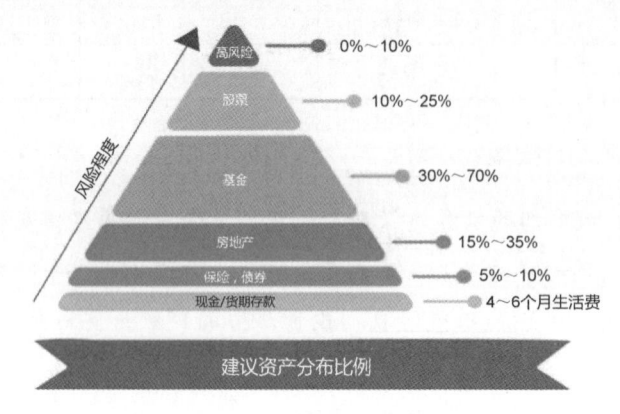

图 5-1　金字塔投资策略

4. 根据4321投资策略制定模板

4321 投资策略如图 5-2 所示。

图 5-2　4321 投资策略

5. 根据生命周期策略制定模板

生命周期策略如表 5-6 所示。

表 5-6 生命周期策略

生命周期	特征	收入和支出	储蓄	居住	资产	负债
家庭形成期：建立家庭、生养子女	从结婚到子女出生，家庭成员随子女出生而增加	收入以双薪为主，家庭成员随子女出生而增加	随成员增加而下降，家庭支出负担重	和父母同住或自行买房/租房	可积累的资产有限，年轻，可承受较高的投资风险	通常要背负高额房贷
家庭成长期：子女长大、上学	从子女出生开始到完成学业为止，家庭成员数固定	收入以双薪为主，支出随成员固定而趋于稳定，但子女上大学后学杂费用负担重	收入增加而支出稳定，在子女上大学前储蓄逐步增加	和父母同住或自行买房/租房	可积累的资产逐年增加，要开始控制投资风险	若已购房，则可以提前还一部分房贷本息，降低负债余额
家庭成熟期：子女独立和事业发展到巅峰	从子女完成学业到夫妻均退休，家庭成员数随子女独立而减少	收入以双薪为主，事业发展和收入达到巅峰，支出随成员数减少而减少	收入达到巅峰，支出渴望降低，属于准备退休金的黄金时期	与老年父母同住或夫妻二人居住	可积累的资产达到巅峰，要逐步降低投资风险，准备退休	应该在退休前把所有负债还清
家庭衰老期：从退休到终老	从夫妻均退休开始到一方过世为止，家庭成员只有夫妻两人(也称空巢期)	以理财收入及转移性收入为主，或变现资产维持生计。支出发生变化，医疗费用提高，其他费用降低	大部分情况下支出大于收入，属于耗用退休准备金阶段	夫妻居住或与子女同住	逐年变现资产来应对退休后的生活开销，投资应以固定收益为主	应该无新增负债

当然，还有"股债均衡策略""核心+卫星策略"等，这里不再一一展开说明。利用标准模板的成交方式，类似于购买一些套餐组合，能降低客户的决策压力，促使客户尽快成交。

5.2.6 先假设成交，再设法成交

假设成交其实就是假定客户已经购买，让客户产生一些憧憬和想象，觉得自己真的购买了。我前段时间去看房、买房，就不断地被一些房产销售用这一招，他们会反复说"这是您的阳台，这是您孩子的卧室，从您的阳台可以看到……"，这是一种非常强大的"催眠"营销模式。

这种方法尤其适合我们给客户推荐产品，而客户会极少表现出抵触情绪。

下面列举一些常见情况及应对方法。

1. 假设成交，简化购买流程

××老师，我给您计算过了，您现在购买这只基金的手续费可以便宜××，而且目前A股大盘点位在3000点以下，股债性价比是××，盈利概率是非常高的。现在购买非常方便，您打开手机App，直接点击基金，输入代码××，再输入购买金额就完成交易了。

2. 假设成交，憧憬未来

××老师，如果您今天配置了这只产品，就再也不用担心定期存款利率下调了；如果您今天买了这只持有期基金，就再也不用天天关注投资市场了；如果您给爱人在我们这里做一户基金定投，持续投入，就再也不怕节日没有礼物给爱人惊喜了；如果您给孩子做了这份投资，就不用担心孩子说我们没有陪伴他成长了……

3. 假设市场下跌或上涨

××老师，即使后续市场持续下跌或上涨，您也不用太担心。我们做投资永远不可能买在最低点，正如投资中的一句名言"我们不可能吃到全鱼"，今天我们先建立一部分仓位。如果市场后续下跌或上涨10%，就追加或赎回5%的仓位；若再下跌或上涨10%，就再追加或赎回5%……这样可以降低我们的持仓成本或及时落地为安，所以您不用担心。

注意：在利用假设成交的时候，要把握好火候和节奏，在客户没有明显抵触或者排斥的时候使用该方法，能有效影响客户决策。但是如果客户对我们的产品依然还有抵触或排斥，那么使用假设成交很可能就会弄巧成拙。

5.2.7 先试吃、再升级——小狗成交法

什么是小狗成交法？

有个妈妈带个小男孩去逛百货公司，经过了一家宠物店，橱窗里面有一只很可爱的小狗，小男孩很喜欢这只小狗。所以店员就跟小男孩说："小朋友，你觉得这只小狗可爱吗？如果喜欢的话可以抱一抱。"小男孩就把小狗抱了起来，小狗全身软绵绵的实在太可爱了。这个小男孩转过头去看着妈妈说："妈妈，我们可以把这只小狗带回家吗？"妈妈说："不行，因为家里面已经养了一只小猫了，实在是没有空间再养一只小狗。"于是小男孩就在店里面又哭又闹，抱着小狗不肯离开。

这时聪明的店员就跟妈妈说："妈妈可以让小朋友把小狗带回去，先相处几天再做决定，我另外再让你带些狗粮回去。如果不喜欢或不适合的话，再把它带回来就好了，一毛钱都不用付。"妈妈听了店员的建议之后，心想让孩子带回去玩几天，反正也不用钱，于是就让小朋友把小狗带回家了。结果这个妈妈3天后就回到店里，但不是退小狗，而是付钱把小狗买了下来，因为全家都爱上了这只可爱的小狗。这就是所谓的小狗成交法。

小狗成交法其实就是一种免费试用的策略，该策略将产品或服务在一段时间内免费提供给潜在的消费者，让消费者尝试使用一段时间，进而促使其购买成交。在投资领域，有不少金融机构推出"体验金""模拟炒基""配置大赛""免费投教"等，其实都是对这种策略的运用。

小狗成交法尤其适合对一些有想法，但是又担心吃亏的客户进行使用，下面例举一些案例。

1. 模拟炒基/体验金

××老师，我们银行目前正在举办"模拟炒股/模拟资产配置/体验金"比

赛，您不用花钱就可以在我们 App 上建一个投资组合，先感受一下基金投资的魅力。

2. 免费投教课

××老师，针对您的一些困惑，我们特地开发了系列投教课程。不需要您花一分钱，我们免费给您提供系列线上课程，从如何选基金、投基金、做组合等方面，协助您搭建完整的投资框架。您先学习，学完后如果有一些实践的想法，再来我们银行开户实践，您看如何？

3. 先围观，再参与

××老师，您也不用急着做决定。我把您拉到我们的投资小群，不少客户都会在群里分享他们的投资心得，您可以先看一看。等一段时间之后，如果您有兴趣、有实践的想法了，我们再给您做一个详细的配置，您看怎么样？

注意：小狗成交法是一种很强大的免费试用策略，能够让客户没有拒绝的理由，因为根本就没给客户提任何要求。很多客户在接受了这些免费服务后，往往会有下一步行动。

5.2.8 避重就轻——小点成交法

前面我们介绍的是小狗成交法，现在给大家介绍一种小点成交法。所谓的小点成交，就是不围绕主要焦点，而是在周边问题上与客户取得一致；或者是在谈判核心问题陷入僵局的时候，在次要的交易上与客户达成协议，循序渐进成交的方法。

这种方法适合用来跟踪客户，如果客户一直下不了决心，则可以退而求其次，提一个简单的要求，让客户易于接受。下面列举一些常见情况及应对方法。

1. 既然不买，那么能不能先加个微信/帮我发个朋友圈等

××老师，跟您也交流很久了，从交谈过程中，我了解到您对投资是有自

己的一些认知的，我也学到不少知识。虽然您今天没有在我们这里下单，但是我们能不能先加个微信，平时多交流一下，说不定以后有合作机会/您看是否适合帮我们发个朋友圈，或者把这个产品信息在您的微信群、朋友圈发一发呢？

2. 既然看不懂未来，那么先买1000元试试

××老师，我一直认为"悲观者吵赢了架，乐观者赚到了钱"。后市到底怎么样，我们都是"盲人摸象"，市场的走势是由人的行为决定的，而人的行为又取决于市场的走势，两者是相辅相成的。既然单笔大金额投入让您压力很大，那么不如先投资1000元，少买一些，感受一下基金的魅力。即使亏了，亏损的钱也不多；如果赚了，说不定还能改变一些您对基金的看法。刚好今天市场有一只您关注的××主题基金正在发行，要不先买1000元？

3. 既然没有好的投资渠道，就先从基金定投开始

××老师，目前对于普通投资者而言，的确没有100%保本的产品或者投资渠道。但是我们能确定的是，如果不做一些理财/投资，我们手中的钱会越来越不值钱。巴菲特的老师格雷厄姆在1933年出版的《聪明的投资者》一书中也曾提到过，对于稳健型的投资者而言，最好的投资方式就是"股债均衡"和"美元成本投资法"。"股债均衡"就是我们说的"权益类资产和债券类资产配置比例为5∶5，而且每隔几个月再做一下平衡"。"美元成本投资法"其实就是我们说的基金定投，每个月按照固定时间投入固定金额。"股债均衡"稍微复杂一点儿，但是基金定投很简单，而且投入比例也不高。既然咱们看不清未来，也没有更好的投资渠道，那么不如先买一份基金定投。

注意："小点成交法"其实也是我们说的"登门槛"效应，先达成小交易，再循序渐进、逐步迭代，尤其适合多次沟通也无法让客户成交的情况，这时候可以退而求其次，提出一些小要求

5.2.9 事半功倍——转移成交法

转移成交法也是一个非常重要的促成技巧。所谓转移，就是把这个客户转移给比我们职务更高、经验更丰富、权益更大的同事，让客户感觉到被重视，从而解决我们暂时无法成交的困扰。

即使我们是世界上最优秀的理财经理，我们也不可能搞定所有客户。每一种交易存在的问题都不相同，同一种方法对某些客户有用，对某些客户没有用。通过转移是可以实现双赢的，让客户和机构的需求都得到满足。

1. 转移的时机

转移的时机有以下3种。

（1）个性冲突。

一般我们只能跟与自己同频的人交流。如果一个客户有购买意向，但是我们跟该客户的交流总感觉火药味很足，彼此的个性特征很容易有冲突，这时候就可以换人沟通。

（2）专业欠缺。

明显捕捉到客户是有投资意向的，但是客户很专业，其提出的很多问题我们应付起来非常困难，在专业方面我们感觉很吃力，这时候就需要求助更高一级的同事协助。

（3）成交能力缺乏。

为了与客户成交做了很多铺垫工作，但是总觉得差"一口气儿"，这时候就可以跟同事做一个配合，你做前期沟通，后期促成由同事接手。

2. 如何转移

诚恳地告诉客户，你将邀请更高级别的同事参与对话，以便更好地解决客户疑问。

××老师，您提的一些问题的确非常专业，对未来宏观经济走势和一些高景气赛道，我还真无法回答您。刚好，这家基金公司渠道经理近日在我们行里走访，我想抽个时间让他跟您面对面交流一下，看看能不能解决您心中的一些困惑。

在把客户介绍给新同事时，要让客户有安全感。比如可以将双方拉到同一个微信群，或者介绍的时候双方都在场。

××老师，这位是我行资深投顾王总。王总，这位是××老师，目前对我行销售的××基金比较感兴趣，但是××老师对未来资本市场比较担心，对该行业主题有些疑问还想深入了解一下，您看能不能给××老师详细介绍一下。

即使完成转移，也要持续跟进。

××老师，我就把您交给比我水平更高的同事了。当然，我也不是不管您了，而是我们一起来给您提供更好的服务。有些我能解决的，我一定第一时间响应，如果我们都无法解决，那么我们再整合行里资源，总之，会充分满足您的投资需求。

注意：转移成交并不是不重视客户，而恰恰是重视客户，让客户感觉到自己的每一个需求都能得到及时响应，更能促成客户交易。重要的是，在进行转移成交、换人沟通时，应注意沟通的语气，要让客户感觉到自己是被重视而不是被嫌弃。

第 6 章

防患于未然，绝对成交的风险提示话术

6.1 重新定义，提前预防

6.2 他山之石，可以攻玉

6.3 以退为进，化解隐忧

6.4 风险转移，从仰视到俯视

6.5 签名法，加强承诺与一致

6.1 重新定义，提前预防

风险是一个非常抽象的词汇，而且不好界定，因为它有太多的形态，如系统性风险、非系统性风险、行为风险；绝对风险、相对风险；真实风险、感知风险。针对每个投资品种还有各种各样的风险，如期限、利率、回报率、流动性风险等。

在实际销售过程中，客户总说害怕风险，但其实很多人根本没有弄清楚什么是风险，这时候就需要我们对风险进行重新定义。

6.1.1 是波动大，不是风险大

在新冠疫情刚开始的阶段，我们老家很多朋友都扎堆去生产口罩，因此家用口罩机的价格波动很大：今天才卖 5 万元一台，明天就卖 20 万元一台，后天又卖 80 万元一台了。但是其他的商品价格都没有怎么变，我们就说口罩机的价格波动比较大。

当时我姐姐因为看见身边的人做口罩都赚了钱，所以也想花高价买一台家用口罩机来生产口罩，便打电话咨询我的意见。我告诉她如果真想把做口罩当成一辈子的事业来做，我支持她；如果她想投机倒把，赚一笔钱就跑，则很有可能会被"套住"。

为什么呢？因为投机而参与的生意所赚的钱是不可能拿得住的，口罩机价格的波动会让他们接受不了。果然，过了几天我姐姐又给我打电话，说家用口罩机的价格已经跌下来了。

同样，股票/基金净值的波动到底是风险还是机会？这取决于投资的时间。对于短期投资、明天就要用钱的客户而言，净值波动是很大的风险；但是，对于投资期限是几十年的投资者而言，当净值出现剧烈波动的时候，往往是投资的机会出现的时候。

所以，当客户再对我们说"不要给我推荐股票型基金，风险太大了"或者客户已经购买了权益类基金之后，我们可以做以下温馨提示。

××老师，您购买的是权益类基金，产品价格波动可能会比较大。但是我需要提前跟您说一下，其实产品价格波动大并不代表投资风险大，有时候产品价格波动大还是很好的投资机会，这主要取决于您以多长的时间维度来持有该产品。

如果您天天关注股市走势或者是您持有的投资组合，您就会感觉股市很可怕。但是，如果把金融市场线拉长到1年、3年、5年甚至10年，您就会发现权益类基金整体表现是所有资产中最好的。

6.1.2 是不确定性，不是风险性

风险性是指面临受伤或者损失的可能性，比如上战场打仗、去疫区做志愿者。不确定性是指事件或者结果无法预测，比如股市，我们无法预测其明天的涨跌，因为不确定性的事件太多了。

人生就是由不确定性组成的。投资的美妙之处也正是因为其具有不确定性。但是不确定性会让投资者产生很大的压力，而人们的大脑会主动寻求以任何可能的方法来减轻压力。最轻松的方法就是"随大流，从众"。比如，下地铁的时候，你发现很多人都在拼命往前跑，你就会不由自主地跟着跑，这都是情绪对我们的影响。

所以，如果客户对你说"现在这个配置，我觉得买××基金风险太大了"，那么我们可以进行以下回复。

××老师，目前市场的确还存在一些不确定性，但是不确定性不一定是风险，而且还有可能带给我们机会。投资的魅力就在于不确定性，我们做投资也

是为了预防未来的不确定性，这就需要我们专业的投顾来给您制订相应的投资计划，避免您受情绪影响而出现操作失误。

6.1.3 什么是真正的风险

我非常认同巴菲特说的"真正的风险，不是波动的风险，也不是价格下跌了 30%或者 50%，而是永久性损失和回报太低的风险"。

做投资，最基础的对标是通货膨胀率。很多投资者只做银行存款，觉得这是最靠谱、最安全的，其实这也是一种理财的幻觉，存款账户的资金看似没有减少，但是实际的购买力却大幅下降了。

所以，当客户说：我还是将钱存银行吧，最安全；或者客户已经成交，但是心里还有一些担忧，我们可以回复以下内容。

××老师，在最后我得给您点个赞。我们做投资除了要关注资金数字之外，还要关注资金实际的购买力。否则 10 年后，您存款账户的钱是没有少，但是这些钱能买的东西变少了，因为世界上最大的"小偷"就是通货膨胀。您今天的选择是非常明智的，理财不仅仅是盯着现在，更要关注未来。

6.2 他山之石，可以攻玉

在产品成交之后，如果客户内心还比较担心，我们也可以运用一些投资大师的名言警句来给客户一些信心。

下面整理了 20 条投资大师名言警句，在跟客户沟通时可以用。

- 不要懵懵懂懂地随意买股票，要在投资前扎实地做一些功课，才能成功！
——［美］威廉·欧奈尔。

- 第一条：保住本金最重要。第二条：永远不要忘记第一条。——［美］沃伦 E. 巴菲特。

- 错误并不可耻，可耻的是错误已经显而易见了却还不去修正！——［美］乔治·索罗斯。

- 耐心等待确定信号的出现，避免高风险的模糊不清阶段的盲目投资！——［英］伯妮斯·科恩。

- 不进行研究的投资，就像打扑克从不看牌一样，必然失败！——［美］彼得·林奇。

- 你永远不要犯同样的错误，因为还有好多其他错误你完全可以尝试！——［英］伯妮斯·科恩。

- 经验显示，市场自己会说话，市场永远是对的，凡是轻视市场能力的人，终究会吃亏的！——［美］威廉·欧奈尔。

- 买一种股票时，不应因便宜而购买，而应该看是否了解它！——［美］彼得·林奇。

- 若股市在已经一片看好声中，则你将付出很高的价格进场。——［美］沃伦 E. 巴菲特。

- 承担风险，无可指责，但同时记住千万不能孤注一掷！——［美］乔治·索罗斯。

- 平常时间，最好静坐，愈少买卖愈好，永远耐心地等候投资机会的来临。——［美］吉姆·罗杰斯。

- 我的忠告就是绝不赔钱，做自己熟悉的事，等到发现大好机会再投钱下去。——［美］吉姆·罗杰斯。

- 除非你真的了解自己在干什么，否则什么也别做。——[美]吉姆·罗杰斯。

- 我只管等，直到有钱躺在墙角，我所要做的全部就是走过去把它捡起来。——[美]吉姆·罗杰斯。

- 投资的成功是建立在已有的知识和经验基础上的！——[美]罗伊·纽伯格。

- 始终遵守你自己的投资计划的规则，这将加强良好的自我控制！——[英]伯妮斯·科恩。

- 风险来自你不知道自己正在做什么！——[美]沃伦 E. 巴菲特。

- 假设自己手中只有一张可打 20 个洞的投资决策卡。每做一次投资，就在卡片上打一个洞。相对地，能做投资决定的次数也就减少一次。假如投资人真受到这样的限制，他们就会耐心地等待绝佳的投资机会出现，而不会轻率地做决定。——[美]沃伦 E. 巴菲特。

- 我从来不在我不懂的事情上投入大量的金钱。——[美]彼得·林奇。

- 如果你没有做好承受痛苦的准备，那就离开吧，别指望会成为常胜将军，要想成功，必须冷酷！——[美]乔治·索罗斯。

注意：当人们不知道怎么选择的时候，往往会借助权威，很多时候投资大师的名言警句能稳住客户的心。

6.3 以退为进，化解隐忧

当然，在给客户提示风险的时候，我们还可以以退为进，化解客户心中的担忧。

举例说明：

××老师，作为专业投资人，我还是得告诉您，投资是有一定风险的（退）。当然做什么事情都会有风险，投资也在所难免，不过只要我们选好投资产品，分散风险就不难（进）。

基金定投采用平均成本法，不论市场如何波动，每月都定期买入固定金额的基金。当基金净值上涨时，买进的基金份额数较少；当基金净值下跌时，买进的基金份额数就较多。基金定投自动执行了"逢高少买、逢低多买"的投资策略，长期持有可有效摊薄成本、分散投资风险，免去您的择时烦恼。

我们现在已经有非常完备的服务预警体系，当产品净值单日波动超过 3% 左右，或者产品盈亏率超过 8% 时，我们会及时跟您取得联系。同时每个月、每季度我们都会给您提供基金表现及投资报告，减轻您的担忧。

我本人已经经历过好几轮牛熊市，有好几百名客户在我这里投资基金，也成功帮助过很多客户扭亏为盈，所以即使您的产品后期出现了亏损，您也不用太担心。我们会定期给您的产品做健康诊断，后期跟据市场情况通过定投、再平衡策略等及时打理您的账户。

注意："退"是提醒，"进"是鼓励。看似是退一步，其实是进一步，即以退为进，承认风险的存在，但是我们又有办法去面对风险、化解风险，这样更能让客户买得踏实。

6.4 风险转移，从仰视到俯视

风险转移，即通过主动帮客户承担风险来消除客户的疑虑，比如可以通过风险承诺或者售后保障来缓解客户对风险的担忧。

6.4.1 风险承诺

在非金融领域，对非金融产品的风险承诺运用比较多，如无条件退款、7天内退换货等，保险产品也有 15 天的犹豫期。但是基金产品属于"买定离手型"产品，尽管如此，我们依然可以做部分风险承诺。比如，若客户对我们推荐的产品不满意，那么我们可以免费提供资产配置计划书、重新推荐基金产品或者让客户享受其他一些服务承诺。

××老师，我理解您的担心。给您推荐的这只基金并不是让您一直持有或者只能买这一只，而是根据目前行情和您现在的一些投资现状，给您做了比较合适的产品匹配。如果您持有 3 个月，持有体验度不是很好，那么我们免费给您重新梳理家庭资产状况，并且重新规划投资方案，到时候您来办业务，也可以享受 VIP 免排队服务。

6.4.2 售后保障

售后保障服务其实也是现在很多金融机构提倡的"温暖陪伴"服务中的一种，很多客户担忧没有中间服务，会觉得投资很没有安全感。这时候，我们可以加入一些售后保障服务。

××老师，感谢您对我们的信任并配置了这只产品。我也把我们的售后保障服务标准跟您沟通一下。

① 定期沟通。您购买了基金之后，我们会每周给您发基金净值，每个月发一次行里基金资讯，每季度发一次基金运作分析。具体时间可以根据您的需求来定。

② 不定期沟通。我们银行现在提供的服务在努力做到"润物细无声"，不会过多打扰您的日常工作和生活，所以我们会定一个阈值，比如基金净值波动超过 3% 左右，就会跟您做一次交流。如果没有超过该范围，我们就持有不动。

③ 个性化需求。看您这边有哪些个性化需求，比如想收听基金经理在线直播、我们行里的投资策略报告会等，我这次都记下来，到时候通知您。

6.4.3　风险平常化

除了风险承诺和售后保障之外，我们还可以利用风险平常化，让客户对风险的仰视变成俯视。

××老师，其实对于基金风险，您不必过分担心。2024年3月，中国证券投资基金业协会发布的《中国证券投资基金业年报（2023年）》显示，截至2022年年末，公募基金有效账户数达到15.22亿，大部分为个人账户，场外公募基金个人投资者数量约为7.59亿人，而2022年的人口总数约是14.22亿，也就是超过一半的人都参与了基金投资。公募基金是一种被国家大力推广的普惠金融，已经日益被老百姓所接受，既然是大多数人的选择那么就不会太差，所以别紧张。

6.5　签名法，加强承诺与一致

我们在前面提过签名法，其主要是加强客户的承诺与一致，也是防患于未然的一种手段。

该问题的核心在于如何加强客户的承诺与一致。

当客户买了高风险基金产品，一亏损就投诉时，我们最好的办法是"留痕"，加强客户的承诺与一致。在客户购买基金时，让客户签名。

××老师，感谢您对我们的信任。为了以后更好地服务您，麻烦您在我们这张"基金配置服务卡"上签字（如图6-1和图6-2所示）。很简单，按照空格填写就好了，您也可以口说，我来写配置的产品名字、购买时间、预期收益率、能接受的波动率等。以后当产品单日波动率超过3%，您持有时间超过3个月时，我们会跟您做一次交流。如果平时没有主动联系您，并不是我们忘了，而是不想打扰您。当然，我的联系方式都写在这张卡上，您有任何疑问，都可以随时随地联系我。

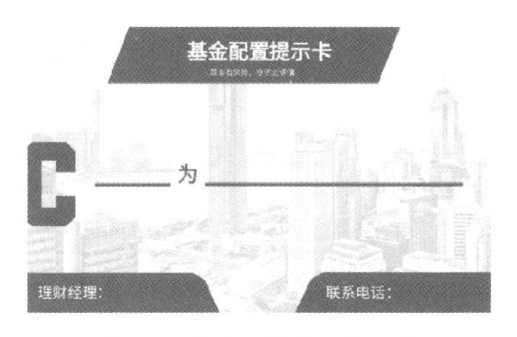

图 6-1　基金配置提示卡正面

图 6-2　基金配置提示卡背面

注意：签名法的作用是"先说好，后不乱"，尤其针对一些小资金客户来说是比较有用的留痕工具，能减轻我们售后的服务压力。